Eva Gostoni

Himmelslichter

—

Zeitenwenden

HUM VERLAG GOSTONI

1999 HUM Verlag
CH-8802 Kilchberg
Satz und Druck: OK AG Organisation Kolb, Zürich
Printed in Switzerland

ISBN 3.9520630-3-7

«Dunkelheit ist Vater-Mutter: Licht ihr Sohn, sagt ein altes Sprichwort des Ostens.

Licht ist unvorstellbar, ausser als von einer Quelle kommend, die seine Ursache ist. Da im Falle des uranfänglichen Lichtes die Quelle unbekannt ist - eine solche jedoch von Vernunft und Logik verlangt wird, - nennen wir sie Dunkelheit. Das sekundäre Licht kann, was immer seine Quelle auch ist, nur von zeitlichem Charakter sein. Dunkelheit ist also die ewige Matrix, in der die Quellen des Lichtes erscheinen und verschwinden.»

H.P. Blavatsky - Kosmogenesis

Danken möchte ich all denen, die mein suchendes Wesen ermutigten und unterstützten.

Herzlichen Dank auch an Margrit Badertscher, die immer Zeit fand meine Manuskripte zu korrigieren, an Jacqueline Milanovic für die Abschreibung der Kurs-Tonbände und an Sabina Wolf, die das Lektorat übernommen hat.

Inhaltsverzeichnis

Vorwort

Wie die Menschheit sich entwickelte, veränderte sich auch ihr Verhalten gegenüber dem, was ihr noch unverständlich und unfassbar erschien. Anfänglich war Furcht die stärkste Reaktion, aus der sich aber mit der Zeit Anbetung und Hingabe entwickelte.

Besonders die sich ständig verändernden Lichterscheinungen am Himmel faszinierten die Menschheit seit alters her, und liess sie schon vor vielen Jahrtausenden erkennen, dass die ihre regelmässigen Bahnen ziehenden Lichtkörper des Himmels die Geschehnisse auf unserem Planeten stark beeinflussen.

Denn auch unsere Erde ist nicht ausserhalb von dem uns umhüllenden, grossen kosmischen «Raum», von dem kosmischen Energiefeld, das durch Planeten, Sonnen und Sterne strömt und durch ihre fortwährende Bewegung ein ständig verändertes Energiemuster entstehen lässt.

Alles ist Energie. Ob wir den Energiefluss in unserem Körper beobachten, der Gesundheit und Wohlbefinden reguliert, oder die magnetische Strahlungskraft der Erde wie auch die energetischen Eigenarten der einzelnen Planeten: alles ist fliessende, strahlende, strömende Energie.

Die Astronomie ist zuständig
für die «Landkarte» des Himmels,
die Astrologie deutet die Art ihrer Strahlung.

Die Grundlage für diese Deutungs-Wissenschaft ist bereits über 6000 Jahre alt, und somit zählt sie auch zu den ältesten

Wissenschaften der Welt, die oft auch als Erfahrungs-Wissenschaft bezeichnet wird.

Der Astrologe war einst ein Berater von Königen und Heerführern, um für ein wichtiges Vorhaben den geeigneten Zeitpunkt - der den Plan energetisch auch unterstützen kann - auszuwählen. Wir heutigen Menschen leben scheinbar wesentlich passiver, denn in unseren Tagen möchten wir sogar unser ganzes Schicksal von den Sternen erfahren, als würde das Leben in einem noch so schwierigen Umfeld nicht von unseren eigenen Reaktionen abhängen.

Die Reaktionsfähigkeit auf ein Umfeld trägt jedes Leben, ob Pflanze, Tier oder Mensch in sich, die natürlich mit seiner Eigenart eng gekoppelt ist. Wird ein Mensch geboren, kommt zu seinem «mitgebrachten» Energie-Muster noch die prägende Qualität seiner Geburtszeit wie auch die Möglichkeit seiner Lebensumstände, die dann als Energieumfeld sein Leben begleiten werden.

Die Astrologie deutet diese energetischen Verbindungen
und zeigt die Entwicklungsmöglichkeiten auf,
die den vorhandenen Schwächen zur Überwindung,
und den Gaben und Stärken zur Entfaltung verhilft.

Denn in jedem Leben möchte in uns etwas erwachen und weiter wachsen. Doch dieser Samen liegt in jedem von uns tief unter den äusseren Schichten von Gewohnheiten und Bedürfnissen verborgen.

Darum werden wir die wichtigste Antwort,
die uns die Astrologie geben kann, dann erfahren,
wenn wir - an einer Schwelle ankommend - bereit sind,
nach dem tieferen Sinn unseres Lebens zu fragen.

ES IST ZEIT, DIE «ZEIT» NEU ZU VERSTEHEN

ZEIT und MATERIE

Es ist Abend, der Himmel trägt noch einen leichten Schimmer von den letzten Strahlen der untergehenden Sonne. Stille umgibt den sanften Übergang, wenn das grosse Licht des Himmels langsam hinter dem Horizont untergeht und die kleinen Lichtpunkte über uns immer zahlreicher werden.

Es ist eine mondlose Nacht, und bald erleben wir das Firmament übersät mit abertausenden von funkelnden Sternen. Eine besondere Stimmung umgibt uns, und es entsteht ein Gefühl, als wären diese strahlenden Lichter gar nicht so weit weg von uns. Als ob sie sogar Botschaften übermitteln könnten von all denen, die unseren Herzen so nahestehen, und vielleicht auch unsere Gedanken zu ihnen mitnehmen. Es scheint als könnten diese Sterne Brücken zwischen Welten und Zeiten schlagen, oder wie wenn sie kleine Fenster in ein ganz anderes Leben wären.

Wie wohltuend ist die Betrachtung dieser funkelnden Lichtquellen, die scheinbar so gemächlich am Himmel vorbeiziehen, und es erwacht in uns eine Sehnsucht nach dieser Unendlichkeit und Zeitlosigkeit.

Bei diesen Gedanken müssen wir aber innehalten, denn die Frage

was IST überhaupt ZEIT?

drängt sich auf. Könnte man die Zeit nicht auch als eine Hülle betrachten, die dem Leben jenen «Rahmen» gibt, in welchem Veränderung und Wachstum stattfinden kann? Denn die Entfaltung des Lebens braucht ja für die vielen kleinen und grossen Schritte der Evolution unterschiedliche Zeitspannen, und auch die Möglichkeit zur Veränderung durch unterschiedliche Zeitrahmen.

Wenn wir aber an unseren Alltag denken, erkennen wir, dass wir die Zeit nur «quantitativ» messen und sie dadurch auch als etwas sehr Einengendes erleben. Wir vergessen so leicht, dass

die Zeit auch ein Energiefeld ist,
das unterschiedliche Qualitäten aufweist
und dadurch Erfahrungen ermöglicht und unterstützt.

Zurückdenkend ist es noch gar nicht so lange her, ca. um das Jahr 1500, als unsere Raumvorstellung sich zu vergrössern begann. Zu dieser Zeit gehörte nicht nur die Entdeckung von Amerika durch Christoph Kolumbus, sondern auch die Entdeckung eines forschenden Genius, das die Wandlung unserer Gedanken über den RAUM ermöglichte. Es war Kopernikus, der uns erkennen liess, dass nicht wir, die Erde, der Nabel der Welt sind, sondern dass sich die Erde um die Sonne dreht.

Was für eine Herausforderung war diese Behauptung! Denn die neuen Gedanken verlangten nicht weniger als die totale Veränderung einer vorhandenen Sichtweise. Wie schwierig und wie beunruhigend eine neue Betrachtungsweise und Erkenntnis sein kann, zeigte sich auch dadurch, dass noch ein Jahrhundert später Galilei seiner Erkenntnis abschwören musste, weil die Kirche diese Anschauung nicht zuliess.

Neue Erkenntnisse rufen immer die Notwendigkeit
des Umdenkens hervor,
und dieses Umdenken verlangt von uns nicht weniger
als die Erweiterung unserer Denkgrenzen.

Das bedeutet, die «Geleise», die unser Bewusstsein aus gehabten Erfahrungen prägten, zu verändern und neue Vorstellungen, neue Wertmassstäbe zuzulassen.

Für dieses Umdenken war auch die Zeit vor ca. 400 Jahren eine grosse Herausforderung, denn wir konnten das geozentrische Weltbild nicht mehr länger aufrechterhalten. Wir mussten erkennen, dass weder wir noch unsere Erde der Mittelpunkt des Universums sind und nicht um uns sich die ganze Welt dreht, sondern dass wir mit unserer Erde ein Teil einer noch viel grösseren Ganzheit sind.

An einer sehr ähnlichen Schwelle stehen wir auch heute, nur dass diesmal die Notwendigkeit des Umdenkens nicht unsere Vorstellung von RAUM betrifft, sondern die Vorstellung, was wir betreffend ZEIT in uns tragen.

Wir, als Menschheit, haben schon so vieles erreicht, so viel Wissen erlangt, und trotzdem fühlen wir uns immer weniger glücklich. Wir haben das Gefühl, dass die Zeit durch unsere Finger rinnt, und wir können sie nicht halten. Unsere Zeit reicht für die vielen Möglichkeiten, die das immer grösser werdende Wissen über die Materie vermittelt und für all die damit verbundenen Faszinationen, immer weniger aus.

Wir messen die Zeit schon mit den Bruchteilen von Sekunden
und sind bestrebt, immer mehr von einer «Zeit» zu haben.

Es scheint, dass wir uns im Moment betreffend Zeit, in einer Krise befinden, denn so vieles möchten wir in eine bestimmte Zeitspanne hineinpacken, woraus leicht physische und psychische Überforderungen entstehen. In solchen Perioden vergessen wir aber etwas ganz Wesentliches, nämlich dass:

wir die Zeit niemals besitzen können.

Jeder einzelne «Zeit-Abschnitt» gibt uns
die Möglichkeit für eine bestimmte Erfahrung,
und die Art, wie wir eine Zeit erleben,
lässt die QUALITÄT einer ZEIT entstehen.

Versuchen wir uns nun vorzustellen, dass das Leben sich in seiner Ganzheit in zwei sich kreuzenden Achsen darstellt, nämlich als

die RAUM- oder MATERIE- und
die ZEIT- oder GEIST-Achse.

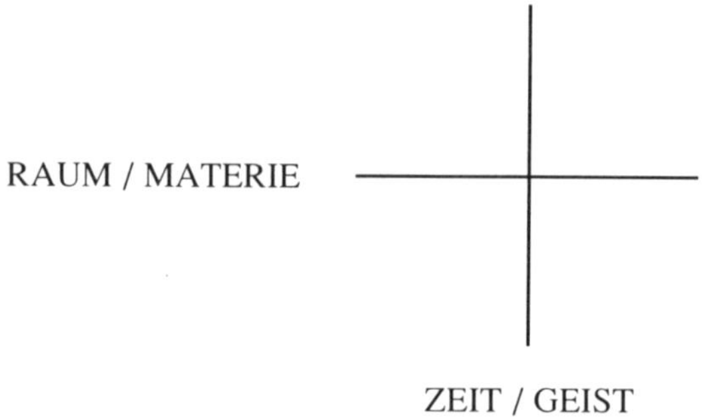

Das Kreuzsymbol ist eines der ältesten Symbole des Lebens. Es stellt den waagrechten Verlauf des Wassers und die aufwärts strebenden Flammen des Feuers dar. Das Wissen um die bewusste Verbindung von Wasser und Feuer war nicht nur die symbolische Lehre der alten Alchemisten, sondern begegnet uns auch in jener grossen Verschmelzung von Geist (Feuer) und Materie (Wasser), die für uns alle vor zweitausend Jahren, durch das Symbol des Kreuzes, eine wichtige Botschaft übermittelte.

Aber das Symbol des Kreuzes existierte schon in den ältesten Zivilisationen und Religionen und ist selbst in der Natur vorhanden.

Die beiden Prinzipien, das Männliche und Weibliche,
werden durch das Kreuz dargestellt.
Das Positive und das Negative, die im Universum
zusammenwirken.

Wenn man einmal die Zusammengehörigkeit und die Wechselwirkung dieser beiden Prinzipien verstanden hat, die Gegenpole von

Männlich	-	Weiblich
Aktiv	-	Passiv
Emissiv	-	Rezeptiv
Mann	-	Frau
Intellekt	-	Gefühle
Wissen	-	Liebe

muss man nicht mehr versuchen, sie immer wieder gegenseitig zu verneinen und zu vernichten. Ein Zusammenwirken schafft der Zentralpunkt am Schnittpunkt oder Berührungspunkt der beiden Linien.

Ein ausgleichender und zentralisierender Bereich ist das,
was die unterschiedlichen Kräfte zusammenhält.

Ohne diesen zentralisierenden GLEICHGEWICHTSPUNKT entsteht Unordnung und Chaos.

Das gesamte Universum ist genauso das Symbol des gleichschenkligen Kreuzes wie der Mensch selbst, wenn er seine beiden Arme ausbreitet.

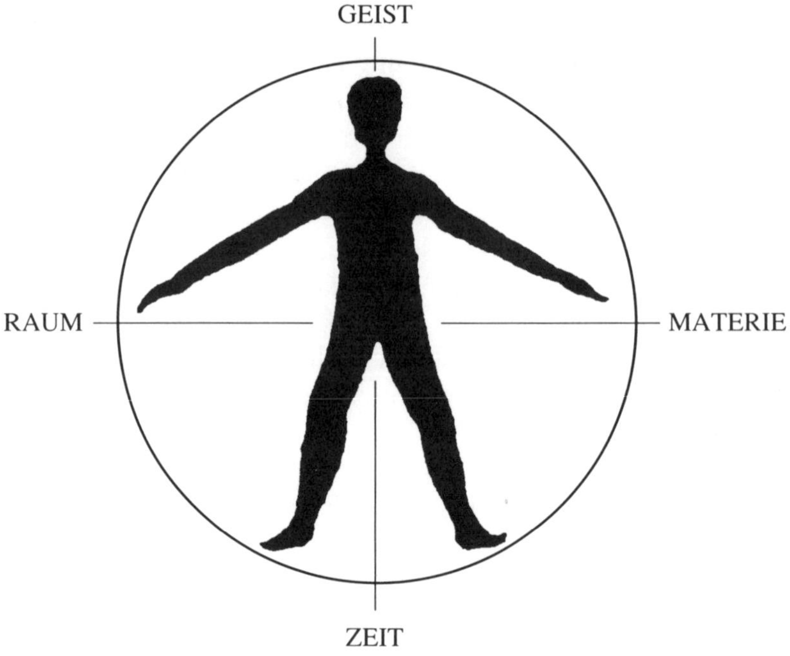

Wenn wir die beiden Achsen des Lebens besser verstehen möchten, können wir die HORIZONTALE ACHSE auch mit all jenen Bereichen des Lebens vergleichen, in denen wir bestrebt sind zu erleben, erfahren, besitzen, behalten und natürlich alles, was uns lieb ist, auch festzuhalten. Somit können wir diese Achse auch als die Achse des HABENS nennen, oder einfach RAUM- oder MATERIE-Achse, die Ebene, auf welcher wir unsere Erfahrungen absolvieren.

Die andere, die VERTIKALE ACHSE, vermittelt die Lebendigkeit des Lebens, die Impulse des Geistes, der jene Möglichkeiten schafft, die die Veränderungen auf der horizontalen Achse des Lebens hervorrufen. Es ist der belebende Strom des Geistes, die Achse des SEINS. So wird durch die ZEIT-

oder GEIST-Achse die Materie mit immer neuen Energien berührt und umhüllt, um die Entfaltung des Lebens zu ermöglichen.

RAUM und ZEIT
sind somit die zwei Balken jenes Kreuzes,
auf welchem sich das sichtbare Leben manifestiert.

Der horizontale Balken als der Raum, die Materie, die Ebene der Erfahrungen, der Ort, an welchem Wachstum und Evolution stattfindet. Die vertikale Achse als der strömende Geist, der durch die sich verändernden Zeithüllen die Ebene der Erfahrungen belebt und sie mit dem grösseren Ganzen auf eine immer neue Art verbindet. Auf diese Art beeinflusst die Zeit alles Lebende, alles, was einen Beginn, eine Entwicklungsphase und ein Ende hat.

Die «lebendigen» und damit sich ständig wechselnden Themen des SEINS pulsieren als unterstützende Energien des Geistes durch die vertikale Achse. Mit den Worten der östlichen Philosophie ist diese Energie auch der «Wille Gottes», jener lebendige Impuls, der das Leben in der Materie überhaupt ermöglicht.

Somit bedeutet Umdenken ein Erkennen, dass eine bestimmte «Zeitqualität» uns etwas sagen möchte. Auch wenn eine Zeit uns zu langsam oder zu schnell fliessend erscheint, hängt diese Empfindung mit unseren eigenen Einstellungen betreffend den Themen dieser Zeit zusammen.

Denn in dem Masse, wie wir uns «innerlich» ändern,
ändert sich auch die «Zeitqualität» um uns.

Die zyklische Bewegung der Zeit

Der Mensch als ein Mitschöpfer seines Universums kann die Geschehnisse um sich herum stark beeinflussen, denn sowohl die Erde wie auch die Menschheit ist gleichzeitig in der grossen kosmischen Ordnung und in deren Gesetzen integriert. Wir gehören zum Universum, das sich, wie in einem rhythmischen Pulsieren, ständig bewegt. Diese Bewegungen erleben wir als Zyklen, die für unsere Erde eine sich ständig verändernde kosmische Berührung vermitteln.

Somit ist die Lehre der Zyklen
auch die Lehre der Evolution.

Wir können schon in den alten indischen Schriften, in den Veden, den Lehren der Zyklen begegnen. Dort finden wir auch die Gedanken von den grossräumigen Zyklen, indem ein Hauptzyklus 4320 Millionen Jahre dauert und in verschiedene kleinere Perioden oder «Yugas» aufgeteilt ist. Diese riesigen Dimensionen sind aber für uns kaum überschaubar.

In unserer westlichen Zivilisation berechnete Platon einen Zyklus als eine Einheit von 25'900 Jahren. Diese Zeiteinheit formulieren wir heute als ein «platonisches Jahr». Durch die Verlagerung der Rotationsachse der Erde, ergibt sich eine rechtsläufige Drehung. Diese Kreiselbewegung der Erdachse bewirkt, dass ca. alle 2150 Jahre die Erde unter einem anderen Sternzeichen-Einfluss steht, wodurch eine volle Umdrehung 25'900 Jahre dauert.

Weil jede Stern-Konstellation, wie alles im Kosmos, Träger und Vermittler von unterschiedlichen Energien ist, entstehen in einer zweitausendjährigen Periode Möglichkeiten, die jeweils sehr unterschiedliche Entwicklungsschritte begünstigen. So war z.B. für die Menschheit in der Widder-Epoche (ca. 2100 - 50 v. Chr.) eine ganz andere Erfahrungsthematik wichtig, als für die Menschen in dem nachfolgenden Fische-Zeitalter.

Heute stehen wir wieder am Anfang von einem neuen grossen Zyklus, den wir das Zeitalter des Wassermanns nennen. Auch die kommenden zweitausend Jahre werden, wie jeder grosse Zyklus, viele kleinere Zeiteinheiten beinhalten und die jeweiligen Schritte der unmittelbaren Erfahrungen ermöglichen.

Dass diese Denkweise vielen immer noch Mühe bereitet, ist auch mit jenem Entscheid eng verbunden, der im 6. Jahrhundert auf dem Konzil von Konstantinopel gefällt wurde. Aus theologischen Gründen hatte man damals das Konzept eines zyklischen Fortschreitens der Zeit als ketzerisch verworfen. Da diese Verurteilung auch noch in den späteren Zeiten unverändert aufrechterhalten wurde, ist es nicht verwunderlich, dass die Entfaltung der Wissenschaft die Gedanken der zyklischen Veränderung der Zeit nicht integrieren konnte.

Denn wenn wir einen Zyklus lediglich als eine sich wiederholende ewige Rückkehr zu dem gleichen Ausgangspunkt anschauen, stehen wir jenen Gedanken, die die Zyklen als eine strukturierte Abfolge von Entwicklungsstufen betrachten, gegenüber. Wenn in unserer Vorstellung die Wochen, Monate und Jahre sich ausschliesslich für Repetierzwecke wiederholen, ist es kein Wunder, dass wir immer mehr Mühe mit dem Sinn des Lebens bekommen.

Wenn wir auch den kleinsten Zyklus auf einen Kreis von sich wiederholenden Ereignissen reduzieren, kann er nicht jene kreative und evolutionäre Bedeutung bekommen, die er besitzt, wenn man ihn als Ausdruck eines Entwicklungsprozesses verstehen kann.

Natürlich, die Grundstruktur eines Zyklus wiederholt sich ständig. Die Tageszyklen wiederholen sich alle 24 Stunden, ebenso der Zyklus der Mondphasen und der Jahreszyklus durch seine zwölf Monate.

Diese kleinen Zyklen von Stunden, Tagen, Monate und Jahre, die unserem Leben Rahmen und Struktur geben, sind genauso organisch mit den Bewegungen des Himmels verbunden, wie die grossen Zyklen, deren Teile sie sind. Auch ein Tag ist eine erkennbare Zeiteinheit oder eine Zeitstruktur und wird durch die vierundzwanzigstündige Erdrotation verursacht. Genauso der Zyklus eines Jahres, der auf der Bewegung von der Erde um die Sonne beruht. Aber dadurch, dass es einen jährlichen Zyklus von Jahreszeiten gibt, bedeutet es noch lange nicht, dass wir Jahr für Jahr mit einer genauen Wiederholung der Geschehnisse rechnen können.

Beschränken wir unser Verständnis für die Bedeutung dieser Zyklen nur auf die wiederholende Abfolge von den Zeitbegriffen, wie Stunden, Tage, Monate und Jahre, übersehen wir, dass alles, was während einer bestimmten Zeit geschieht, sich nie genau gleich wiederholen kann. Was wir an einem Tag erleben, kann am nächsten Tag nicht genau gleich wiederholt werden.

Unsere Art zu handeln und die Bedeutung, die wir einem Geschehnis zuschreiben, verändern sich mit den einzelnen

Zyklen. Der Erlebniswert, das Niveau und damit die Art, wie ein Zyklus erlebt wird, ist nämlich eng mit unserer subjektiven Wertung und auch mit der Art der vorangegangenen Erfahrungen verbunden. Denn unsere Kreativität und Individualität hat die Möglichkeit, von Zyklus zu Zyklus zu wachsen.

Alles Existierende ist durch die Zeit strukturiert.
Jede Aktivität braucht ihre Zeit und alles Manifeste
hat eine vorbestimmte Lebensdauer.
Diesen strukturierenden Faktor nennen wir Zyklus.

Auch das menschliche Leben ist zyklischer Natur und führt durch mannigfache und zahlreiche Erfahrungen, durch viele Inkarnationen zur «Sinn-Ernte». Die Sinnerfahrung aus einem Zyklus wird dann jene essentielle Grundlage sein, die uns in einen nächsten Zyklus hineinwachsen lässt.

Unsere heutigen Anschauungen haben noch viel Ähnlichkeit mit dem geozentrischen Weltbild unserer Vorfahren. Denn wir zentrieren unsere Gedanken auch mit Vorliebe nur auf ein Gebiet, für einen Bereich, der greifbar und vertraut ist. Wir erarbeiten wichtige wissenschaftliche Erkenntnisse, aber nehmen sie gleichzeitig aus einem viel grösseren Konzept heraus. Durch die Methoden der Analyse erweitert sich zwar unser Wissen über die Materie, aber wenn die Sinn-Frage des Lebens gestellt wird, können sie uns keine Antwort geben.

Denn ein erweitertes Verständnis
für den SINN des Lebens
ist verbunden mit einem
erweiterten Verstehen der ZEIT.

Die Zeit als Qualität

Um die Zeit als Qualität auf eine neue Art zu verstehen, hilft es uns, wenn wir die vertikale und die horizontale Achse des Lebens in ihrer Grundstruktur zu vergleichen versuchen.

Dass die horizontale Achse, also die Form, die Materie, sehr unterschiedliche Dichten und Strukturen aufweist, erscheint uns als natürlich und auch selbstverständlich. So könnten wir jetzt versuchen uns vorzustellen, dass auch die vertikale Zeit-Achse unterschiedliche Dichten aufweisen, dass die Zeitqualität in ihren unterschiedlichen Höhen auch verschiedene Dichten, Strukturen und Rhythmen in sich tragen kann.

Diese Gedanken können sehr ungewohnt erscheinen. Versuchen wir aber bei dem vorher erwähnten Vergleich zu bleiben, so würde ein «Zeitbereich», der die grösste Dichte aufweist, unmittelbar um die Materie liegen. Jene Zeitenergie also, die die feste Materie umhüllt, wäre z.B. auch vergleichbar mit der Energiefrequenz der roten Farbe und damit auch mit den kurzen Zeitrhythmen.

Aber die «PULSATIONSART» einer Zeit,
mit ihren schnellen oder langsameren Rhythmen,
ist nicht nur mit der Materie, die sie umhüllt,
sondern vor allem mit jenem BEWUSSTSEIN,
das diesen Körper belebt, verbunden.

Daraus wird ersichtlich, dass eine spezielle Zeitqualität, die eine Form, einen Körper und damit ein Leben umhüllt, eng mit der Art des Bewusstseins verbunden ist, das durch diesen Körper wirkt.

Die Ausrichtung des Bewusstseins
zieht die entsprechende Zeitfrequenz an.

Je intensiver unsere Bedürfnisse gedrängte und hektische Handlungsabläufe hervorrufen, um so dichter und enger wird dadurch für uns auch die Zeitwahrnehmung sein. Denn die Zeitqualität, die eine Form oder ein Leben umgibt, ist identisch mit jenem Energiefeld, das auch aus dem Lebensrhythmus des Betreffenden entsteht. Unruhige Zeitrhythmen müssten wir gar nicht erleben, wenn wir diese Impulse nicht in uns tragen würden.

Eine gute Möglichkeit, unterschiedliche Zeitschwingungen zu erleben und zu erfahren, haben wir z.B. in der Meditation, wenn wir für kurze Zeit die Aufmerksamkeit von der Formwelt, also von der Dichte der Materie abwenden und das Bewusstsein in eine höhere und damit ruhigere und stillere Zeitqualität emporheben. Je feinstofflicher die Ebene, mit welcher unser Bewusstsein sich verbinden kann, um so stärker werden die langsameren und längeren Schwingungsfrequenzen wahrgenommen und zugelassen. Auch in den Ferien und in den Stunden der Erholung suchen wir instinktiv jene Zeitrhythmen, die die unseren ausgleichen.

Als Folge unserer Entwicklung verändert sich wie selbstverständlich auch unsere Einstellung gegenüber der Zeit. Je grossräumiger dadurch unser Zeitverständnis wird, um so ausgeglichener kann sich dann auch unser Lebensrhythmus gestalten. Je kleiner die von unserem Bewusstsein zugelassenen «Zeitspannen» sind, um so dominanter ist in diesem Leben die horizontale, die auf die Materie bezogene Achse, mit den dazugehörenden kurzen und unruhigen Zeitwahrnehmungen.

Wie klar zeigen diese Beispiele, dass nicht nur ein von aussen kommender Impuls eine Zeiterfahrung ermöglicht, sondern dass die Zeitqualität auch eng mit dem Bewusstsein verbunden ist. Denn eine Zeitform oder Zeithülle, die einen Körper oder ein Geschehnis umgibt, ist eine Energiemanifestation, die sowohl aus äusseren wie auch aus inneren Impulsen zusammengesetzt ist.

- Die von aussen kommende Qualität ist verbunden mit dem Fortschreiten der Evolution und damit mit den sich ständig verändernden Rhythmen des Kosmos.

- Der von innen, von der Form, von einem Körper kommende Impuls ist die Ausstrahlung jenes Bewusstseins, das eine physische Hülle beherbergt.

Es wird immer ersichtlicher, dass das BEWUSSTSEIN dafür zuständig ist, in welchem Rhythmus oder Takt die Zeit erlebt wird und wieviel Harmonie oder Disharmonie eine Bewegung, ein Geschehnis, einen Körper oder ein Leben umgibt.

Aber ist uns bewusst,
dass dieses uns steuernde Bewusstsein
immer vergangenheitsbezogen ist?

Warum? Weil ein Bewusstsein aus Erfahrungen aufgebaut wird, und diese Erfahrungswerte sind es, die unsere Gedanken, Wertvorstellungen und Wünsche steuern, und uns durch viele Leben lang begleiten. Wie oft versuchen wir, auf Grund von mitgebrachten Bedürfnissen, in einem Leben unbewusst eine Zeitqualität aufrechtzuerhalten, deren «Zeit» eigentlich schon längst abgelaufen wäre.

Das Unbewusste beeinflusst wesentlich sowohl unsere Bereitschaft wie auch unsere Ablehnung für eine neue Erfahrung. Wenn unsere unbewussten «Massstäbe» noch vorwiegend aus vergangenen Zeiten datiert sind, kann der daraus resultierende Unterschied zwischen den «alten» und «neuen» Zeitwerten grosse Unzufriedenheit, Enttäuschung und Mühe für dieses Leben hervorrufen.

Allein dadurch,
dass wir die Körperhüllen wechseln
und einige Jahrzehnte später wieder auf die Erde kommen,
hat sich unser Bewusstsein noch nicht verändert.

Unsere inneren Uhren sind nicht weitergegangen. Darum müssen wir in jedem neuen Leben nicht nur die auf der Erde inzwischen verlaufende Zeit nachstellen, sondern meistens auch eine Ortszeitkorrektur vornehmen.

Oft tragen wir in uns noch ein grosses Bedürfnis nach einer bestimmten Lebensform, eine Sehnsucht nach einer bestimmten Gegend, welche dieses Leben uns nicht ermöglicht. Wir können in unseren unbewussten Erinnerungen auch mit ganz anderen sozialen oder wirtschaftlichen Stellungen verbunden sein, als dieses Leben uns nun bietet. Manchmal fühlen wir uns auch in der Familie, in einem Land, in einer Kultur, in welcher wir hinein geboren sind, innerlich so fremd, wie nicht dazugehörend, dass wir Mühe haben, innere Verbindungen herzustellen. Besonders umfangreich werden die Themen der Umstellung, wenn die Veränderungen eines nächsten Lebens auch mit der Veränderung der Geschlechtszugehörigkeit verbunden sind.

Wenn ein Bewusstsein noch in weit zurückliegenden Zeitbedürfnissen verankert ist, und dadurch stark von der Möglichkeit dieses Lebens abweicht, kann das enorme Spannungen und Stress hervorrufen. Eine innere Zeitqualität (oder Zeitbedürfnis), mit welcher das Bewusstsein (unbewusst!) verbunden ist, ist auch jenes Energiefeld, das den Körper umhüllt. Für hellsichtige Menschen ist dadurch in diesem Energiefeld auch jene Verkörperungsform wahrnehmbar, in deren Zeitqualität ein Mensch mit seiner unbewussten Lebenseinstellung und Lebenswertung noch grösstenteils verankert ist.

Aber irgendwann in jedem Leben ist eine unterstützende Möglichkeit da, um die Einstellungen gegenüber unserem jetzigen Leben «zu revidieren», dessen Sinn zu erkennen und unsere inneren Uhren mit der äusseren Zeit gleichzustellen. Solche Perioden werden auch oft von grossen inneren Krisen begleitet, aber als deren Folge wird meistens eine stark geänderte Lebensführung entstehen. Denn

eine äussere Zeit-Energie-Qualität zu verändern,
verlangt als erstes, das innere Bewusstsein zu verändern.

Die Veränderung des Bewusstseins wird durch die Veränderung der vorhandenen Werte und den damit verbundenen Gewohnheiten und Bedürfnissen eingeleitet.

Eine innere Umpolung, oder die Verlagerung des bewussten Seins, ist aber nur sehr langsam möglich und beansprucht oft grosse Zeitspannen. Die evolutionären Schritte des Wachstums und der Veränderung brauchen die Möglichkeiten der Erfahrungen, auch in sich voneinander stark abweichenden «Zeit-Hüllen», oder mit anderen Worten durch viele Inkarnationen an verschiedenen Orten und Zeiten.

Eine wichtige Aufgabe des Lebens ist zu lernen,
voll und ganz im «Hier und Jetzt» zu sein.

Diese Aufgabe verlangt nicht weniger von uns, als dass wir bereit sind, all das, was uns so selbstverständlich oder sogar notwendig erscheint, langsam abzubauen und das Neue, das Ungewohnte, das Unvorstellbare willkommen zu heissen. Auf diese Weise erweitert sich von Leben zu Leben das Bewusstsein und kann immer grössere Zusammenhänge erkennen und dadurch auch verstehen. Verstehen, dass auch jeder Mensch seine eigenen und ganz individuellen «Zeitthemen» braucht, die ihm helfen, die inneren und äusseren Zeiten immer wieder neu auszugleichen.

Die äusseren Zeiten setzen zwar Grenzen
und legen die Strukturen fest,
aber die Art, wie wir damit umgehen und
welchen Sinn wir einer Zeiterfahrung geben,
liegt ganz und gar bei uns.

Mit diesen Gedanken wird es immer verständlicher, dass wir dem Begriff ZEIT auch dieselbe DUALITÄT zuordnen können, die uns in den räumlich sichtbaren Bereichen so selbstverständlich ist. Denn

einerseits erleben wir die Zeit als QUANTITÄT,
als Grenzen setzende Struktur des Lebens,

und

andererseits als QUALITÄT
durch die sich ständig verändernden
Möglichkeiten einer Zeit.

Unser Bewusstsein kann auch entweder ausschliesslich mit den einschränkenden Themen einer Zeit und mit den daraus resultierenden Engpässen verbunden sein, oder nur mit der Suche nach immer neueren «Erkenntnissen».

Auf welcher Seite wir auch stehen, welche Denkweise wir auch in uns tragen, die Änderungsnotwendigkeit unserer Einstellungen müssen wir immer wieder zulassen und erleben. Denn jeder neue Schritt, den wir im Leben absolvieren, ermöglicht eine neue Sichtweise, die gleichzeitig die Revidierung des «Gehabten» verlangt.

Unser Zeitverständnis ist somit auch
mit unseren Einstellungen
betreffend Vergangenheit und Zukunft verbunden.

Mit unserer Tendenz, Altes festzuhalten, oder mit unserer Ungeduld auf das, was wir von der Zukunft erwarten.

Aus diesem Grunde ist es wichtig, dass wir immer wieder die Zeiten des Ungleichgewichtes erleben, in denen unsere gewohnten Einstellungen durch «scheinbar äussere Einflüsse» die Möglichkeit zur Änderung erhalten. Wir benützen für solche Zeiten gerne das Wort «Krise», und registrieren das als Katastrophe. Eine Krise ist jedoch kein Unglück, sie deutet lediglich auf eine «Zeit der Entscheidungen» hin.

Eine KRISE ist immer das,
was einer möglichen VERÄNDERUNG vorausgeht.

Will man aber eine Krise vermeiden, so muss man jeder Veränderung aus dem Wege gehen, was wiederum das «Lebendigsein» verhindert. So betrachtet kann selbst das Tragische als Phase einer Wachstumsmöglichkeit verstanden werden, die uns zu einem wichtigen Entwicklungsschritt führen kann.

Entwicklungsschritte erfolgen durch die Bereitschaft, Entscheidungen zu treffen. Die Versuchung, solche Entscheidungen zu vermeiden, in der Hoffnung, dass damit die Zwänge verschwinden und die Dinge in einem sogenannten «Normalzustand» zurückkehren, ist immer gross. Allerdings sind solche Vermeidungen, wie geringfügig eine Entscheidung auch sein sollte, immer eine spirituelle Niederlage.

Die Weigerung, sich zu entscheiden, oder das Warten auf Umstände oder Menschen, die einem die Entscheidung abnehmen, befreit ein Mensch nicht von seiner Eigenverantwortung. Aber jedes Mal, wenn eine Entscheidung vermieden wird, verfestigen sich die alten unbewussten Verhaltensmuster noch mehr. Dann steht man irgendwann vor einer wirklich schmerzvollen und schwierigen Situation, zu der es nicht hätte kommen müssen, wenn man sich in den vorangegangenen kleineren Krisen dem Leben gestellt hätte.

Auch die so unterschiedlichen Wege der «Süchte», die Ängste zudecken möchten, oder jene Richtungen, die uns in illusorischen Höhen und in strahlende Lichttäuschungen führen, sind Wege, die die wirkliche Begegnung mit dem Leben nicht unterstützen und eine wichtige Erfahrung verhindern. Wir benützen unbewusst diese Fluchtwege, weil es uns viel leichter fällt, in einer alten Zeithülle stehenzubleiben, als die verändernden Impulse einer «neuen» Zeit zuzulassen.

In unseren Tagen, am Ende dieses Jahrtausends, stehen wir an der Schwelle einer wunderbaren Zeit, voll von unterstützenden Möglichkeiten für das Umdenken. Benützen wir diese helfende Zeitqualität für unser Weitergehen,

und verlangen von unserem «Morgen» nicht mehr,
dass es so sein soll, wie unser «Gestern» es war.

Ein neues Verständnis für die ZEIT ist ein Türöffner für viele neue Gelegenheiten und für die Erkenntnis, dass jeder Tag ein wichtiger Teil einer grossen evolutionären Entfaltung ist. Denn jeder einzelne Augenblick ist genauso mit dem Ursprung, mit dem Anfang des Weges verbunden, wie er auch als Samen für eine neue Manifestation in die Zukunft vorausgreift. Gestern und Morgen begegnen sich in jeder Minute unseres Lebens.

Diese stete und unablässige energetische Schwingung des «grossen Lebens», schafft eine Verbindung zu allen Augenblicken der Zeit, und das ist es, was wir unter dem «Ineinandergreifen der Zeitbegriffe» verstehen. Oder, mit anderen Worten, in den vorhandenen Qualitäten einer Zeit die 4. DIMENSION des Lebens erkennen.

Wir alle tragen eine Aufgabe, ein Vorhaben in uns. Der beste und erfolgreichste Weg, diese zu erfüllen, ist jener Weg, der uns sowohl mit unseren bewussten wie auch mit den unbewussten Bereichen des Ichs begegnen lässt.

Nur so können wir aus den
Zwängen des Unbewussten
jenen schöpferischen Impuls befreien,
der als Plan für dieses Leben
in unserer Seele verankert ist.

Die ZEIT erfahren wir auf der

Physischen Ebene:	- als Tätigkeits-Impuls, innerhalb gegebenen Grenzen,
Karma Ebene:	- als rhythmische Bewegung des Schicksals,
Seelen Ebene:	- als Beziehungsmuster, das die Inkarnationen verbindet,
Geist Ebene:	- als Möglichkeit, wie eine Zeit genützt werden könnte.

DAS BEWUSSTE UND DAS UNBEWUSSTE ICH

Dem Leben in seiner Ganzheit begegnen

Die grossen Mysterienschulen der Antike begleiteten nicht nur die Entfaltung des Geistes, sie lehrten auch jene essentiellen Wahrheiten, die sowohl dem Leben wie auch der Natur zugrunde liegen. Sie lehrten ein Verstehen für die grossen Themen des Seins mit all den universellen Gesetzen, die die Zusammengehörigkeit allen Lebens schon immer aufzeigten.

Der grosse Gautama Buddha lehrte, dass das Extreme, nach welcher Richtung auch immer, unvernünftig ist, dass «Sowohl jener Mensch, der nur an seine Geschäfte denkt und von Reichtum und Macht träumt, genauso töricht handelt, wie jemand, der selbstsüchtig sich von der Welt abwendet.» Er lehrte, dass:

«der mittlere Pfad der Weisheit»

der beste und auch sicherste Weg für ein wahres spirituelles Leben ist. Ein Weg, der nicht nur die geistige Entfaltung, sondern auch die Pflichten in dieser Welt nicht versäumen lässt.

In unserer Zeit lehrte auch C.G.Jung die Wichtigkeit der bewussten Verbindung zwischen dem Menschen und dem Kosmos, und schrieb: «Wenn die Wiederanpassung des Individuums an das grössere Ganze, von dem jeder Mensch ein Teil ist, nicht erreicht wird, kann eine Heilung nicht stattfinden, denn

Gesundheit ist die rechte Beziehung
zwischen Mikrokosmos - dem Menschen,
und Makrokosmos - dem Universum.»

Denn das Universum stellt einen allgemeingültigen Massstab für das ganzheitliche Verstehen des Lebens, mit all seinen bleibenden Mustern, Zyklen und Rhythmen dar. Die Astrologie, als eine Wissenschaft von Zeit und Raum, vermittelt den Menschen ein direktes und praktisch anwendbares Verständnis, indem sie die zyklischen Bewegungen der Himmelskörper mit den individuellen und kollektiven Lebensthemen des Menschen verbindet.

Viele Kulturen der Antike haben diese Einheit zwischen Individuum und Kosmos als selbstverständlich betrachtet. Nur heute haben wir diese Fähigkeit, Einfaches auf eine einfache Art zu sehen, leider verloren. Unser vielgepriesener, moderner Intellekt hat diesen persönlichen Einklang zerstört, und jetzt bemühen wir uns durch komplizierte wissenschaftliche Analysen, das Verlorene neu aufzubauen.

Für die innere Struktur eines Zyklus und damit für den Charakter einer Zeit - natürlich aus dem Blickwinkel des menschlichen Erlebens - können wir als Beispiel die jahreszeitlichen Veränderungen nehmen. Diese Zyklen zeigen deutlich, dass unsere Lebensprozesse aus zwei entgegengesetzten und damit komplementären Kräften bestehen, welche von den chinesischen Philosophen als Yin und Yang bezeichnet wurden.

Diese allgemein bekannte Formulierung der Polarität können wir auch als hell und dunkel, aktiv/passiv, maskulin/feminin, oder einfach auch als Tag-Kraft und Nacht-Kraft bezeichnen.

In dem Kreislauf eines Jahres dominieren die Energien der «Tag-Kraft» in jenem Halb-Zyklus, wenn wir die Zeiten von Frühling und Sommer erleben, wenn sich das Wachstum und die Entfaltung aller Lebensformen in Bewegung setzt, und das «Hinausgehen» und Weiterwachsen gefördert wird. In dem ergänzenden Zyklus von Herbst und Winter, in welchem die «Nacht-Kraft» vorherrscht, wird mehr das sich «Hineinbegeben» in ein grösseres Ganzes, und damit auch der Weg nach innen, unterstützt.

Die sich entfaltende Wirkung der «Tagkraft» beginnt bereits bei der Winter-Sonnenwende, also um die Weihnachtszeit. Weihnachten ist auch das Symbol für die Manifestation des Geistes, für das «Stärker-werden» des Lichtes. Diese täglich stärker werdende Licht- oder Tagkraft ermöglicht und unterstützt das Wachstum, das «Sichtbar-werden», das in «Erscheinung» treten von all den inneren, verborgenen Samen, Qualitäten und Ideen, die sich mit der konkreten Wirklichkeit, mit den Wachstumsmöglichkeiten eines Lebens verbinden möchten.

Die Energien nach der Sommer-Sonnenwende fördern mehr das Zusammenbringen, das Einsammeln und dadurch auch das Erkennen und Bewerten der «Resultate», die eine nach aussen gerichtete Aktivität hervorgebracht hat. Die «Nacht-Kraft» hilft die Energien nach innen zu richten, Rückschau zu halten, oder das Erreichte zu bewahren, denn es ist eine stark zentrierende Kraft, die auch die Geborgenheit in einer verschmelzenden Einswerdung sucht.

Diese zwei, sich zyklisch abwechselnden Kräfte, können wir nicht nur als zwei wichtige Pole in der Natur erkennen, sondern auch als jene pulsierende Kraft, die die menschliche Entfaltung begleitet. Denn die Tagkraft unterstützt auch den Prozess der Individuation, wie die Nachtkraft die sozialen Begegnungen und den Austausch fördert.

In unserem Horoskop werden diese beiden Pole durch Sonne und Mond widergespiegelt. Ihre Stellung und ihre Beziehung zueinander lässt erkennen, in welcher Energie-Art unser Ich grösstenteils verankert ist, das heisst, ob wir eher einen aktiven und extrovertierten Lebensimpuls in uns tragen, oder mehr dem subjektiven und introvertierten Typus entsprechen.

Bei diesem Zusammenwirken von der Tag- und der Nacht-Kraft sind auch vier charakteristische Augenblicke in einem Jahreszyklus festzustellen, nämlich

die Zeiten der Tag- und Nacht-Gleichen,
im Frühjahr und Herbst, sowie
die Zeiten der Sonnenwenden,
im Sommer und Winter.

Das daraus entstehende Kreuz bildet im Horoskop jene Achsen, an welchen bewusstseinsverändernde Schritte absolviert werden können.

Die Kraft der zyklisch verlaufenden Zeit
gibt uns die Möglichkeit,
dass wir unsere Erfahrungen abwechselnd im Licht
und im Schatten,
im Bewussten wie auch im Sog des Unbewussten,
absolvieren können.

Licht ist auch das Symbol des Geistes, und die Dunkelheit das Symbol der Materie. Das im Lichte Erkannte muss immer wieder in eine «scheinbare» Dunkelheit des polaren Lebens eintauchen, um in der Materie erprobt zu werden. Dies betrifft nicht nur das Licht der Seele, das sich für die Möglichkeit einer neuen Erfahrung immer wieder mit «Materie» umhüllt, sondern auch jeder neue Gedanke, der nur dann zu einer «Erkenntnis» wird, wenn er auch im «Alltag» erprobt wurde.

Leben bedeutet der pulsierende Zyklus
zwischen Licht und Schatten,
das Zusammengehören von Innen und Aussen,
von Geist und Materie.

In den alten ägyptischen Religionen versinnbildlichte Aton der Sonnengott, der am Tag leuchtet und mit seinen Strahlen das Leben begleitet, den bewussten Weg der Entfaltung. Aber für genauso wichtig hielt man auch die Nacht, die Zeit der Dunkelheit, wenn Thot, der Mondgott, den Weg in die untere und dichtere Welt des Lebens, den Weg in das Unbewusste beleuchtete. Denn sie wussten, dass nur durch diesen Weg die Quelle, aus welcher das Wasser des Lebens entspringt, gefunden wird.

Wieviel stärker waren die Menschen in jenen vergangenen Zeiten noch mit dem zyklischen Atem des Lebens verbunden. Wieviele religiöse Riten empfingen bewusst das allmorgendliche Wiedererscheinen des Lichtes, und begleiteten es, wenn die Strahlen der Sonne sich hinter dem Horizont wieder zurückgezogen haben.

Jeder einzelne Morgen kann eine neue
«solare» Botschaft für das Leben bringen,
und die Gedanken, denen wir in der «lunaren»
Dunkelheit begegneten, aufhellen.

Aufhellen heisst auch erkennen und verstehen, wie die Dunkelheit auch Unkenntnis und Unverständnis, und die damit verbundene Angst, bedeuten kann.

In das Unbewusste einzutauchen und das Begegnete mit dem Licht des Bewussten aufzuhellen, betrifft aber nicht nur unsere täglichen Möglichkeiten in den kleinen Zyklen eines Tages oder die Etappen der Jahreszeit-Zyklen. Wir erleben dies auch in jenen grösseren «Schritten» des Werdens, wenn wir für ein nächstes Leben, für eine nächste «lunare» Erfahrung bereit sind, uns wieder mit Erde und Wasser zu umhüllen. So tauchen wir Leben für Leben in eine neue «mondhafte» Erfahrung hinein, mit dem festen Vorhaben, diesmal nicht zu vergessen, dass wir in unseren Wesen auch «solares» Feuer und Luft, aus den Funken des ewigen Feuers sind, das durch die Kraft der Gedanken (Luft) hinausstrahlen und wirken kann.

Dieselben Gedanken vermitteln uns auch die 22 Tarot-Karten der «Grossen Arkana». Die Reise durch die ersten 11 Karten ermöglicht dem «Helden» seine aktive, maskuline Willenskraft zu verwirklichen, um nachher auf der Yin-Seite des

Lebens in die dunkle, unbekannte Seite des Unbewussten einzutauchen, wo er durch die Bereitschaft Unbekanntem zu begegnen, seinen eigenen «versunkenen Schatz» finden kann.

In einer polaren Welt können wir sowohl unsere Ganzheit wie auch unsere Wirkungsfähigkeit erarbeiten und verfeinern. Um dies zu unterstützen, gestalten sich die Themen eines Lebens auf jeder neuen «Etappe», in jedem neuen Leben, entsprechend unserem Bewusstsein, ob es mehr in den solaren oder mehr in den lunaren Energien verankert ist. Diese Themen sind auch in einem Horoskop durch die «Beziehung» zwischen Sonne und Mond ersichtlich, und damit auch die Schritte, durch welche wir in diesem Leben zu einer neuen «Form» der Ganzheit gelangen möchten.

Ein Mitbegründer der humanistischen oder ganzheitlichen Astrologie in der ersten Hälfte dieses Jahrhunderts, war der amerikanische Philosoph, Psychologe und Astrologe Dane Rudhyar mit seiner pionierhaften Arbeit. Er formulierte:

«Das wichtigste, was die Astrologie leisten kann,
ist dem Menschen den Sinn seines Lebens aufzuzeigen ...»

Das solare und das lunare Bewusstsein

Die Sonne als das Zentrum unseres Sonnensystems symbolisiert aus humanistischer Sicht auch die Kraft des Geistes, welcher ein unablässiger Geber von Geschenken ist. In der astrologischen Symbolsprache wird sie als die Manifestationsart der Persönlichkeit gedeutet. Denn ähnlich wie die grosse leuchtende Sonne, die am Himmel strahlt und ihr lebensspendendes Licht und stabilisierende Kraft für all «ihre» Planeten aussendet, kann auch die Wirkungsart eines bewussten «Ichs» werden.

Für die Verwirklichung und Entfaltung unserer Ganzheit brauchen wir die empfangenden Qualitäten des Mondes genauso wie die aktive Sonnenkraft. Diese sich

gegenseitig ergänzenden Energien in uns zu vereinen,
steht jene grosse Illusion im Wege, die besagt,
dass Sonne und Mond zwei unversöhnliche Prinzipien
in unserem Leben repräsentieren.

Eine Illusion der Getrenntheit zwischen Materie (Mond) und Geist (Sonne), zwischen den individuellen psychischen Strukturen und der objektiven Klarheit des bewussten Seins. Denn in unsere Vorstellung ist noch fest jene «totale Hinwendung» verankert, die uns entweder ganz mit der materiellen Seite des Lebens verbinden lässt, oder betrachten ausschliesslich jene Werte als erstrebenswert, die mit dem Geistigen, mit dem feinstofflichen Seite des Lebens verbunden sind. Wir haben noch immer Mühe anzunehmen, dass diese beiden Prinzipien ergänzende Qualitäten darstellen. In dieser Einstellung ist auch jener Kampf verankert, wenn durch die Impulse der Seele und die Unbeweglichkeit der Persönlichkeit ein inneres Ungleichgewicht entsteht.

Die westliche Welt hat schon immer der individualisierten bewussten Persönlichkeit, der Sonne, ein viel grösseres Gewicht zugesprochen, als den sensitiven Qualitäten, die der Mond repräsentiert. Aus diesem Grunde ist auch unsere Aufmerksamkeit fast ausschliesslich mit dem Zeichen der Sonne verbunden. Wenn man dagegen die eher kollektiv ausgerichteten Kulturen wie z.B. Indien betrachtet, finden wir weit weniger nur in ihrer Persönlichkeit verankerte Menschen, dafür ist hier die lunare Betonung stärker.

In den fernöstlichen Ländern werden z.B. für die Definition des Denkvermögens auch die Qualitäten des Mondes mitberücksichtigt und nicht nur primär die Eigenschaften des Merkurs, wie es bei uns der Fall ist. Wir sind es gewohnt, ausschliesslich mit den zählenden und addierenden Fähigkeiten des Merkurs unsere Intelligenz zu messen, ohne uns dabei von den mondhaften Empfindungen beirren zu lassen. Aber Hand aufs Herz, wie viele von uns nehmen ihre Gefühle zu Hilfe, wenn es um wirklich wichtige Entscheidungen geht? Aber selbstverständlich muss nach aussen immer eine logische und rationale Denkweise für eine Begründung dargestellt werden.

Auch die «Heilkünste», die ursprünglich mehr durch eine
lunare, feminine, intuitive und mitfühlende Sichtweise
ausgeführt wurden, sind jetzt mehr und mehr
von der solaren maskulinen Art, der technologisch und
biochemisch orientierten Medizin abgelöst.

Aber das Pendel bewegt sich und das Interesse für die alten lunaren Heilkünste wächst wieder. Wenn die Zeit kommt, in der die solaren Errungenschaften das Wissen der heutigen Medizin, mit der alten Wissenschaft des Heilens verbindet, wird auch auf diesem Gebiet jenes ganzheitliche Erkennen entstehen, das den Weg des Menschen auf allen Ebenen voll unterstützen kann.

Der Mond repräsentiert auch unsere «soziale» Mentalität.

Und diese Qualität wird immer dann aktiviert, wenn wir auf der Suche nach einem Gefühl der Zugehörigkeit sind. Wenn es uns aber Mühe bereitet, Gefühle zu zeigen, oder wir nicht in der Lage sind, Emotionen in einer Beziehung zum Fliessen zu bringen, wird es für uns auch «draussen» im Leben oft schwierig sein, uns wohl und akzeptiert oder unbefangen zu fühlen. Der Mond offenbart in einem Horoskop die Art der Empfindlichkeit und die damit verbundenen unbewussten Reaktionen auf ein soziales Umfeld.

Diese Tatsache lässt uns auch verstehen, dass besonders jene Jugendlichen, die durch sehr vernunftsbetonte Eltern erzogen wurden, nach Möglichkeiten suchen, in denen sie ihren Mond sowohl beleben wie auch ausleben können.

Der Mond als ein reflektierendes Prinzip beherrscht die instinktiven Reaktionen und Verhaltensweisen, und damit auch die ganze Gefühlswelt einer Person. Genau wie die sich ständig wechselnden Mondphasen ein einzigartiges geozentrisches Lichtschauspiel darstellen, manifestiert sich die ständige Veränderung der Sonne/Mond Beziehung auch in den menschlichen Empfindungen.

Der Arzt, Psychotherapeut und Astrologe Alexander Ruperti formulierte in seinem Buch «Kosmische Zyklen» (1978):

> «Es existiert ein Gleichgewicht zwischen der höheren solaren und der tieferen lunaren Natur des Menschen.

> Das lichtausstrahlende Selbst und die lichtreflektierende psychische Natur des Menschen sind in qualitativer wie quantitativer Hinsicht im menschlichen Sein gleichwertig.»

Die Konstellation der Sonne-Mond-Beziehung, in die jemand hineingeboren wurde, zeigt die Art und Weise an, wie eine Person im täglichen Leben agiert. Denn mit dem Mond reagieren wir auf unser Alltagsleben und suchen das Wohlergehen des Körpers. Unsere Instinkte, Gefühle oder augenblicklichen Stimmungen leiten uns dabei, und lehnen sich automatisch gegen alles auf, was nicht unserer Gewohnheitsstruktur entspricht. Dabei werden wir von den sich wiederholenden und aus der Vergangenheit stammenden Verhaltensmustern und Gefühlsreaktionen beherrscht, ohne dass uns dies bewusst wäre.

Jeden Monat bieten die Tage, an denen der Mond sein Geburtszeichen durchläuft, eine gute Möglichkeit, sich von solchen alten Mustern zu lösen und lässt uns erkennen, dass das «Ich» meistens hinter unseren «Reaktionsmustern» versteckt ist. Natürlich soll das nicht bedeuten, dass wir ständig im Kampf mit unserer lunaren Natur sein müssen. Verbleiben wir aber unverändert in unseren alten lunaren Verhaftungen, kann das solare Ziel gar nicht erkannt werden.

Der Mond ist ein wichtiges Instrument für die solare Bestimmung, denn er weist auf die Vergangenheit hin, damit diese überwunden und verwandelt werden kann. Daraus folgt, dass wenn wir einen Menschen und sein ganzes Wesen erfassen wollen, zuallererst erkennen müssen, in welcher Beziehung die Mondenergien zu dem solaren Zweck des Lebens stehen, denn nur durch die unterstützende Kraft des Mondes kann die wirkliche solar-spirituelle Kraft hervortreten.

Die Beziehung zwischen Sonne und Mond

Die Mond-Zyklen entstehen durch die unterschiedlichen Laufgeschwindigkeiten von Sonne und Mond, wobei jeder Kreislauf mit einer Konjunktion (Neumond) beginnt, und über die Opposition (Vollmond) zurück zu einer neuen Konjunktion führt. Die Zyklen, die zwischen Sonne und Mond entstehen, können wir als einen Archetyp für alle anderen Zyklen betrachten, denn sie stellen immer einen «Beziehungs-Zyklus» zwischen zwei Faktoren dar.

Genauso wie man die Menschen zu den zwölf, durch die Sonne bestimmten Tierkreiszeichen zuordnen kann, so kann man dies auch bezüglich ihrer Sonne - Mond Beziehung tun.

Um diese Beziehung zwischen Sonne und Mond genau bestimmen zu können, wird eine achtfache Teilung für die Umlaufbahn des Mondes um die Sonne vollzogen. Dadurch wird eine differenziertere Typen-Zuordnung ermöglicht, und der Mondgeburtstag eines Menschen kann in einer dieser Mondphasen erkannt werden.

Bei einer Stellung im Horoskop, in der Sonne und Mond in einer Konjunktion verbunden sind, ist am Himmel der Mond unsichtbar und wir sprechen vom Neumond.

In der NEUMOND-Phase wird der Mond
- das Symbol der Vergänglichkeit -
mit der spirituellen Qualität der Sonne befruchtet.
Der «Sonnengeist» gibt dem psychischen und mentalen
Leben einen neuen schöpferischen Impuls.

Auch eine neue Anwort auf die Fragen und Nöte des Lebens, die am Ende des vorangegangenen Mondphasen-Zyklus aufgetreten sind.

Wenn dann das Licht des Mondes wieder dem Vollmond entgegenwächst, können die empfangenen Impulse neue Gedanken hervorrufen und mit neuen «Worten» neue Antworten formuliert werden. Bei der darauffolgenden Opposition, wenn Sonne und Mond im Horoskop oder am Himmel sich gegenüberstehen und der Mond in seiner ganzen Grösse das Licht der Sonne reflektiert, sprechen wir vom Vollmond.

Wenn die Idee, die bei der Neumond-Berührung entstand,
als ein Akt von geistigem oder schöpferischem Impuls
auch weiterentwickelt wurde,
wird sie sich in der VOLLMOND-Zeit als ein klares
Konzept oder eine Erkenntnis manifestieren können.

Ist das Licht des Mondes wieder am Abnehmen, möchte das, was erkannt wurde, verwirklicht werden. Mit anderen Worten, ein in seiner Individualität erwachter Mensch, kann in den Perioden des abnehmenden Mondes bewusster das erkennen oder erleben, was er als Gedanke in der zunehmenden Mond-Phase empfangen hat.

Die Kenntnis von der Bedeutung der Mond-Zyklen unterstützt eine bewusstere Transformation nicht nur in den monatlichen Zyklen des Mondes, sondern bringt auch ein besseres Verstehen für die grösseren Zyklen, wie Zukunft und Vergangenheit.

Unsere Zukunft gestaltet sich,
entsprechend den VERSTANDENEN und
VERARBEITETEN Erfahrungen der Vergangenheit.

All das, was wir zwar erkannt, aber unerledigt in einer Mondphase liegen gelassen haben, ist mitverantwortlich für die verstärkten Nöte und Probleme in einem darauffolgenden nächsten Zyklus.

Die Möglichkeit, Fehler zu beseitigen, starre Verhaltensweisen aufzugeben, Denkeinstellungen zu ändern, bekommen wir immer in der letzten Viertelphase des Mondes. Diese Periode ist gefüllt sowohl mit Herausforderungen wie auch mit vielen Gelegenheiten für eine Selbstüberwindung. Das hier Erkannte und Erreichte ist dann die Basis für jene neue Bereitschaft, die der kreative Sonnenimpuls beim Neumond befruchtend berührt, um damit auf neue Lösungen oder Zielrichtungen hinzuweisen.

Dieser monatliche Zyklus der Sonne-Mond-Beziehung sollte als ein himmlischer Rahmen betrachtet werden. Er ruft die Bewegungen der Gewässer der Erde ebenso hervor, wie er das Wachstum der Pflanzen beeinflusst und ein Individuum nicht nur prägt, sondern ihm allmonatlich auch die befruchtende Erneuerung und Verwirklichung ermöglicht.

Der Moment dieses Zyklus, der auf die Geburt fällt, können wir auch als einen Mondgeburtstag bezeichnen. Wir haben also jeden Monat einen Mondgeburtstag, genauso wie wir jedes Jahr einen Sonnengeburtstag haben. Beide Geburtstage sind bedeutend, doch könnte der Mondgeburtstag noch ein vitalerer Schlüssel sein, um zu erkennen, wie ein Mensch den Forderungen des Alltags begegnet, wie er sich in der Gesellschaft verhält und auf welche Art er auf das Leben reagiert.

Die Bedeutung der Mondphasen

Die Dualität zwischen Sonne und Mond wird in der Wirklichkeit durch eine Dreierbeziehung hervorgerufen, nämlich durch Sonne, Mond und Erde. Denn es sind die Erde und ihre Bedürfnisse, die diese zyklische Verbindung von Sonne und Mond verlangen. Der Mond und das «Mondhafte» vermitteln der Erde und den Menschen die geistigen oder solaren «Ideen» auf solche Art und Weise, wie es die Materie und von der Materie umhüllte Seelen es überhaupt aufnehmen können. So wird eine grosse Kraft verändert und in erfahrbare «Phasen» aufgeteilt, um die Prozesse des Wachstums, die uns durch helle und dunkle Perioden führen, zu ermöglichen.

Somit können wir in der Eigenart von unserer ganz persönlichen Sonne-Mond Verbindung jene Übertragung, von der «solaren» Kraft erkennen, die als Hauptimpuls unser Leben begleitet. Der Astrologe Dane Rudhyar lehrte:

«Der lunare Weg muss als ein indirekter Zugang zu spirituellem Wachstum gesehen werden. Es ist der in einem dualistischen Universum einzig mögliche Weg, in dem der Geist nur durch die Dualität wirken kann, durch das Zwei-in-Einem, durch Konzepte und Objektivität, durch Form und Wissen. Es ist eine Art fortgesetzte Erhellung von Phasen, von allmählicher Wahrnehmung der Realität, bis die Periode der Freigabe und der Aussaat des Gelernten kommt. Dabei wird ein wachsendes Bewusstsein Schritt um Schritt, Zyklus um Zyklus, für ein bestimmtes Abbild der Realität, aufgeladen.»

Der Neumondtyp 0° - 45°

Der Mensch, der während dieser Phase geboren wurde, hat die Tendenz, in hohem Masse subjektiv zu sein, und verhält sich anderen Menschen und der Gesellschaft gegenüber meist in einer impulsiven und emotionalen Weise. Denn während dieser Zeit der Mondphase erreicht die neue sonnenhafte «Berührung» die innerste und subjektivste Kraft, die sich nun manifestieren und ausdrücken möchte.

Diese Menschen sind eher introvertiert, aber sie versuchen sich dem Leben und seinen Realitäten anzupassen. Das bewusste Ich wendet seine Aufmerksamkeit mehr nach innen als nach aussen und versucht in sich selbst die Mittel zu finden, um sich im Leben anzupassen oder sich mit den üblichen Verhaltensweisen identifizieren zu können. Durch diesen Menschen kann eine inspirierende Energie fliessen, die seine Fähigkeit zur Intuition und Medialität fördert. In der passiv gelebten Form entsteht der mehr introvertierte Typus, also Menschen, die sich einer Gemeinschaft gegenüber eher passiv verhalten.

Ob eine Verhaltensweise aktiv oder passiv gelebt wird, dieser Mondtyp ist, wie C.G. Jung es formulierte, weit «offen» und empfänglich für das kollektiv Unbewusste.

Der zunehmende Mondtyp
oder der hoffende Mond 45° - 90°

Hier sucht man nach neuen, noch unerforschten Ausdrucksmöglichkeiten. Dies ist das Ende der subjektiven Periode. Zu dieser Zeit herrscht der Willenskampf vor, da die neuen Impulse auf den Widerstand der kristallisierten Formen der Erinnerungen treffen. Das ist eine Periode der Kämpfe und Konflikte, weil man entdeckt, dass die Welt nicht unbedingt freundlich auf die eigenen Wünsche eingeht.

Denn man wird sich hauptsächlich jener Aussenwelt bewusst, die gegenüber dem, was man selbst tun oder sein will, feindlich zu sein scheint. Hier findet man sowohl Leidenschaftlichkeit wie auch Spontaneität und den Wunsch, trotz des Widerstandes der Aussenwelt durch Tradition und Sitte, ein individuelles Leben führen zu können.

Dieser Kampf zwischen dem «Selbst» und dem Überlieferten erfährt ein eher aktiv eingestellter Typus stärkend, denn das Wachsen seines Glaubens an sich selbst lässt ihn die Hindernisse überwinden. Der mehr passiv eingestellte Typ wird sich von der Vergangenheit, der Tradition und familiären Einstellungen überwältigt fühlen.

Erster Mondvierteltyp 90° - 135°

Das ist eine Zeit der Herausforderung und der Unzufriedenheit mit den gegebenen Umständen. Die in dieser Konstellation Geborenen fühlen sich meist gezwungen, die Vergangenheit auf eine ganz entschiedene Art zu verwerfen.

Hier findet man die willensstarke Tatkraft und den Mut, Hindernisse zu überwinden und Entschlüsse zu fassen. Man begegnet dem Leben kraftvoll und handelt ohne jegliches Zögern. Diese Menschen sind meistens extravertiert und möchten ihrem inneren «Sonnenziel» einen sichtbaren Ausdruck verleihen.

In dieser Manifestation wird oft der Intellekt überbewertet, mit der Neigung ein verstandesbetontes Leben zu führen, und es wird vieles unternommen, um ein nach aussen erfolgreiches Leben zu führen.

Der Fast-Vollmond oder «Buckel-Mond» 135° - 180°

Je mehr sich die Vollmondphase nähert, um so stärker werden die Anzeichen für einen erfolgreichen Kampf um die persönliche Reife und Erkenntnis. Mit diesem Abstand zwischen Sonne und Mond im Horoskop werden die Hindernisse auf dem einmal eingeschlagenen Weg bewusst überwunden. Während ein Mensch, dessen Sonne-Mond Abstand zwischen 90° und 135° liegt, sich von der Aussenwelt oft bedroht fühlt, weil er seine eigenen inneren Konflikte auf sie projiziert, weiss der Mensch mit einem über 135° liegenden Mond Abstand zur Sonne, dass er selbst der Urheber all dessen ist, was geschieht.

Als extrovertierter Typus versucht er seinen Platz in einem sozialen Gefüge zu behaupten und die nötigen Schritte auch selbst zu absolvieren. Er möchte sich individuell entwickeln und eine sinnvolle Rolle in der Gesellschaft einnehmen.

In manchen Fällen findet man eine starke Hingabefähigkeit, sei es an eine Person oder an eine wertvolle «Sache». Weil dieser Typus selbst zu aufopfernder Tätigkeit fähig ist, neigt er dazu, dasselbe auch von den anderen zu verlangen.

Der Vollmondtyp 180° - 135°

Der Vollmondtyp ist ein Mensch, der eine neue Sichtweise für das Leben in sich trägt, und sein Lebenszweck wird es sein, die Bedeutung dieser Sichtweise entweder in sich selbst zu erarbeiten, oder sie in irgend einer Weise in der Gesellschaft zu verbreiten. Es kann geschehen, dass ein solcher Mensch auf alte Werte und überholte, traditionelle Meinungen und Standpunkte verzichtet und die Bedeutung neuer Werte, denen er auch sein Leben widmet, besonders betont.

Seine Stärke ist weit mehr in seinen mentalen Fähigkeiten verankert als in seinem Gefühlsnaturell. Er ist hauptsächlich um seine eigene objektive Erkenntniskraft und um die intellektuelle Analyse des Selbst und seiner Welt bemüht. Denn er möchte sein persönliches Bewusstsein durch Erfahrung steigern, sei es im Bereich der zwischenmenschlichen Beziehungen oder durch die Mitarbeit an sozialen oder kulturellen Prozessen. Er versucht das Bewusstgewordene mit klaren Worten auszudrücken, um es mit anderen zu teilen und dadurch eine soziale Umwandlung zu bewirken. In jedem Fall wird sich der Vollmondtyp um menschliche Werte kümmern, und er wird versuchen, seelische und geistige Werte in seine Persönlichkeit zu integrieren.

Wenn der rein analytische Verstand und Intellekt in einer Persönlichkeit überbetont ist, behindert er die Entfaltung der geistigen und subjektiven Werte der Individualität. Die Ueberbewertung des bewussten Ich gegenüber dem Unbewussten und der Seele kann somit auch zu Egoismus und intellektuellem Hochmut führen.

Der abnehmende Mondtyp 135° - 90°

Die Menschen, die nach dem Vollmond resp. während der abnehmenden Mondphase geboren sind, möchten ihre Ideen aussäen und verbreiten. Der geistige Anstoss des Sonnenimpulses manifestiert sich bei den während der zunehmenden Mondphase Geborenen mehr unbewusst und auf eine intuitive Art und Weise. Nach dem Vollmond nimmt die Idee oder der geistige Impuls eine bewusstere Form an und kann auch bewusster verstanden werden. Diese Menschen fühlen in sich die Aufgabe, diese Impulse überall dort zu verbreiten, wo einzelne Menschen oder eine Gesellschaft ihrer bedürfen.

Der bei abnehmendem Mond Geborene möchte also bewusst und sinnvoll handeln, möchte vom Wert und von der Wichtigkeit dessen, was er persönlich als wertvoll und wichtig betrachtet, auch die anderen überzeugen. Diese Menschen sind oft enorm fähig, mit ihren Mitmenschen eine Vision zu teilen.

Es ist nur nicht immer einfach, eine Vision in einer für andere annehmbaren Weise mitzuteilen, denn die Bedürfnisse der anderen sollten dabei genügend mitberücksichtigt werden. Fehlschläge und Enttäuschungen können dann Verbitterung, und dadurch auch ein sich Zurückziehen, zur Folge haben.

Typ des letzten Viertels des abnehmenden Mondes 90° - 45°

Dies ist eine Phase der Bewusstseinskrisen. Hier wird es besonders wichtig, die ideologischen Überzeugungen in klaren Gedankenformen weiter zu vermitteln. Man fühlt die Notwendigkeit zu sozialen Entscheidungen und Reformen von bestehenden Strukturen.

Diese Menschen halten sich oft für Pioniere, deren Arbeit aber erst von der Nachwelt verstanden wird. Ihre ganze Einstellung ist meistens auf die Zukunft eingestimmt, von der sie jedoch nur die Umrisse der Möglichkeiten sehen. Bekannte Reformer und Staatsmänner haben oft dieser Mondstellung.

Der «balsamische» Mondtyp 45° - 0°

Das Schlüsselwort dieses Typs scheint persönliches Opfer und ergebener Dienst an Institutionen oder Gruppen zu sein. Man möchte die Vergangenheit mit der Zukunft verbinden oder einen neuen Samen für die Zukunft setzen.

Oft erleben diese Menschen in ihrem eigenen Schicksal die Notwendigkeit von neuen Gesellschaftsformen oder die Möglichkeit, geistige Qualitäten auf eine neue Art manifest werden zu lassen. Die Aufmerksamkeit ist vermehrt nach innen gerichtet auf der Suche nach einer neuen Verbindung mit seiner eigenen solaren Quelle, mit seiner Seele.

Durch die Verinnerlichung der Lebenskraft entfaltet sich gegenüber dem Leben immer mehr eine selbstlose Haltung. Auch die irrationalen Funktionen der Psyche erhalten eine immer wichtigere Rolle, als die rein rationale Funktion des Verstandes.

Zusammenfassend formuliert:

Die Themen der Dualität sind die Themen der Beziehungen, die ein lebendiger Austausch zwischen Berühren und Berührt werden ermöglichen. Aus diesem Grunde bedeutet ein spirituelles Leben auch nichts anderes, als sich bewusst mit den «Beziehungen» des Lebens zu verbinden, um dadurch die zyklische Gesetzmässigkeit jeglicher Beziehungsformen zu erkennen. Auf diese Weise kann sich sowohl unsere Vorstellung vom Leben wie auch unsere Vorstellung von Gott immer wieder ändern.

Abschliessend noch zwei Zitate von Dane Rudhyar:

«Das Leben ist ein dynamischer, ewig instabiler Balanceakt zwischen Bedürfnis und Erfüllung, zwischen der Leere der Geburt und der Fülle der Reife.»

Und genau diesen Balanceakt haben wir unter der tiefen, vitalen und universalen Symbolik des Mondzyklus studiert. Der konstante Lebensrhythmus des Auftauchens und Blühens, der Unzufriedenheit und Auflösung und des erneuten Auftauchens aus dem Samen. Dieser Rhythmus findet seinen schönsten Ausdruck im Wechsel der Neumonde und Vollmonde. Bedürfnis und Erfüllung - Neumond und Vollmond.

«Jede Erfüllung polarisiert ein neues Bedürfnis, jedes Bedürfnis wird zu seiner Zeit eine Erfüllung. Wie kann ein Bedürfnis je befriedigt werden, ausser durch die Freigabe einer neuen Qualität der Bezogenheit und damit dem Auftauchen neuer Beziehungen!»

DER MOND ALS TOR ZUR VERGANGENHEIT

Wenn die «Wege» von Sonne und Mond sich kreuzen

Der Mond ist eines der beiden Lichter, die unsere Tage und Nächte erhellen. Er hat, ausser in den wenigen Tagen des Vollmondes, grundsätzlich eine Licht- und eine Schattenseite und zwischen diesem Schwarz und Weiss sind auch keine Zwischenstufen ersichtlich. Somit symbolisiert der Mond schon durch seine Erscheinung das duale Prinzip und damit auch die Neigung in uns, unsere Gefühle in «Schwarz und Weiss», in ein «Dafür» oder «Dagegen» aufzuteilen.

Der Mond als das Symbol unseres Gefühls-Ich
trägt auch viele unbewusste Erinnerungen aus
vergangenen Leben,
von gehabten Hoffnungen und Wünschen
oder noch nicht verarbeiteten Ängsten in sich.

All das Unbewusste liegt hier verborgen und steht täglich im «Wechselspiel des Lichtes» der Sonne, unserem bewussten Ich-Symbol gegenüber.

Seit altersher beobachten und bewundern die Menschen die Bewegungen des Mondes. Das bedeutendste Kulturdenkmal für die Beobachtung und Berechnung der Mondbahn ist Stonehenge in Südengland. Hier wurden schon ca. 2000 Jahre vor Christus die Sonnen- und Mondbewegungen genau berechnet.

Die Bahn der Sonne nennen wir Ekliptik. Der Mond überschreitet auf seiner 28-tägigen Umlaufbahn um die Erde zweimal die Sonnenbahn (Ekliptik), einmal in südlicher und einmal in nördlicher Richtung. Diese Schnittpunkte, die sich auch immer exakt gegenüberstehen, nennen wir Knoten-Punkte oder Aufsteigender und Absteigender Mondknoten.

Auf diese Weise entsteht in einem Horoskop die Mondknotenachse, die wir auch die Strasse der Ent-Wicklung nennen können. Denn hier werden - durch die Kreuzung von Sonnen- und Mondbahn - Denken und Fühlen, Bewusstes und Unbewusstes, Gegenwärtiges und Vergangenes genau gegenüber gestellt.

Es ist sehr schwierig,
im dualen Zustand des Inkarniertseins
die Ganzheit wahrzunehmen.

Darum brauchen wir das sichtbare Spiel der Polarität von Licht und Schatten, die Spaltung in Hell und Dunkel, Yang und Yin, und genau diese Aufspaltung erleben wir auch in der polaren Struktur des Horoskopes. Am deutlichsten tritt diese Polarität jedoch über die Mondknotenachse in Erscheinung, weil sich auf dieser Achse zusätzlich auch die polaren Prinzipien von Sonne und Mond begegnen.

Die Anziehung oder die Vorliebe für die eine oder andere Seite dieses polaren Feldes erleben wir sehr unterschiedlich. In den jugendlichen Jahren ist es eher unser unbewusstes Mond-Ich, unser psychisches Ich, das Reflektion und Bestätigung sucht. Im Laufe des Lebens neigen wir dazu, uns mehr mit unserem bewussten Sonnen-Ich zu expandieren und zu strahlen, und sind dabei bemüht, all das, was aus den unbewussten Gefühlen aufsteigt, zurückzudrängen.

Die Mondknotenachse, als Schnittlinie zwischen Sonnen- und Mondbahn, zeigt die ganze Spannung des Menschen, die ganze Polarität von Vergangenheit und Zukunft, die unbewussten Bedürfnisse und die bewussten Ziele.

Durch ihre Aufspaltung in zwei Pole können wir das, was sie uns sagen will, verstehen lernen. Aber bei einer nur rein verstandesmässigen Analyse der Mondknotenachse besteht die Gefahr von Wertungen, die dann der Lösung der auf dieser Achse auftretenden Themen im Wege stehen könnten.

Dane Rudhyar - der Vorreiter der ganzheitlichen oder humanistischen Astrologie - schreibt, dass der aufsteigende und absteigende Mondknoten symbolisch wie durch ein «Zwerchfell» voneinander getrennt seien. Genauso wie im Körper der Bereich des Herzens (Sonne) von jenem des Bauches (Mond) und damit auch der Bereich des Kopfes von jenem der Verdauung getrennt ist. Oberhalb des Zwerchfells haben wir aktive Assimilation, darunter das verdaute Material, welches die Instinktsphäre aktiviert. Zu dieser Instinktsphäre gehört auch die Ausscheidung von nicht assimilierbaren Rückständen.

In unserer Zeit neigen wir dazu,
die Bereiche von Kopf und Herz als einzig
wirklich wichtige Bereiche anzuschauen.

Eine ganzheitliche Entwicklung braucht jedoch neben der Entfaltung von geistigen Qualitäten auch den Boden der Instinktsphäre.

Eine Entfaltung des Bewusstseins
braucht die Integration des Unbewussten.

Wir können nicht einfach eine Seite von uns «still legen», denn dann begegnen wir jener in vielen Lebensbereichen unkontrolliert, durch unsere unbewussten Reaktionen.

Der absteigende Mondknoten repräsentiert unsere karmischen Erinnerungen, die wir gerne noch einmal erleben möchten. Hier ist das Vertraute, das, wonach wir uns sehnen und bei welchem wir meinen, dass wir zu kurz gekommen sind. Am aufsteigenden Mondknoten ist es viel einfacher «erwachsen» zu sein. Hier können wir souverän unsere Pläne verwirklichen und stehen nicht unter Zwang, Altes wiederholen zu müssen.

Erst wenn wir die Themen und Bedürfnisse beider Pole in uns kennen und sie auch als einen Teil von uns akzeptieren können, beginnt die Integration der Ganzheit, die uns dann auch aus den Zwängen der Vergangenheit hinausträgt und in eine wertfreie Einheit hineinwachsen lässt.

Das grosse Ziel ist die Synthese, ein ganzheitliches Erwachsensein, das die Entfaltung beider Prinzipien beinhaltet. Darum sind die Schnittpunkte der «beiden Lichter» im Horoskop unser individueller Wegweiser, und damit wird die Mondknoten-Achse zu unserer kosmischen Entwicklungslinie.

Durch die Mondknoten-Achse wird uns ein
Weg gezeigt, der in jene Richtung weist,
in welcher das Ziel dieses Lebens liegt.

Die Mondknotenachse, ein Wegweiser der Seele

Eine bewusste Arbeit an uns selbst bedeutet, die Realität über die beiden Pole zu erfahren, das Spiel von Licht und Schatten zu durchleben mit dem Ziel, die beiden Seiten von uns in Einklang zu bringen. Denn sobald man sich auf einen Pol fixiert, diesen als positiv oder gut und den Gegenpol als negativ oder schlecht bewertet, entstehen Verhaftungen und wir beschränken uns nur auf einen Teil von uns.

Kein Pol ist ohne seinen Gegenpol ganz.

Erst indem man die Polarität in ihrer ganzen Tiefe und Bandbreite erkennt, kann man darüber hinauswachsen. Das heisst in karmischer Hinsicht, sich nicht nur mit dem scheinbar hellen Ich, sondern auch mit den eigenen Schattenbereichen zu konfrontieren, sie zu akzeptieren, um sie dann auch transformieren zu können. Das, was man vorher als negativ und schlecht bewertet hat, soll man lieben lernen.

Karmische Befreiung bedeutet,
sich von Werturteilen, Schuldgefühlen und
von Haftungen zu lösen.

Das Horoskop ist wie eine Landkarte für die karmische Reise dieses Lebens. Es zeigt uns, wo die Hindernisse und Berge liegen wie auch die Täler, die wir durchschreiten möchten. Es weist auf Wege hin, die wir nicht umgehen können, wenn wir unser Ziel erreichen wollen.

Das Geburtshoroskop zeigt sowohl das Verwirklichungspotential wie auch spezifische Herausforderungen. Dadurch ist es ein sehr geeignetes Diagnoseinstrument, um zu erkennen, woher wir kommen, was uns im Zusammenhang mit diesem Leben am meisten beschäftigen wird und welche Herausforderungen wir in dieser Existenz suchen werden. Es zeigt uns auch anhand der laufenden Planetentransite die Lebensphasen, in denen wichtige Entscheidungen anstehen und neue Weichenstellungen vorgenommen werden können.

Der absteigende Mondknoten (Mondpol) symbolisiert die Vergangenheit, im persönlichen wie auch im karmischen Sinn. Er sagt, woher wir kommen. Der aufsteigende Mondknoten (Sonnenpol) weist den Weg in die Zukunft, im Sinne eines Befreiung von der Vergangenheit oder vom Karma. Der aufsteigende Mondknoten symbolisiert die Aufgabe in diesem Leben.

Am absteigenden Mondknoten finden wir
das uns Vertraute, das, was sich unsere Gefühlsnatur
wünscht und ständig wiederholen möchte.

Hier kommen «alte» Erinnerungen zum Ausdruck im Zusammenhang mit Situationen, die wir in dieser Existenz nochmals erleben möchten. Besonders stark gilt dies für die Kindheit, in der die Erinnerung an frühere Leben und deren Qualität unbewusst noch sehr präsent ist. Der absteigende Mondknoten symbolisiert in der humanistischen Astrologie unsere Vergangenheit, das Reservoir von früheren Verhaltensweisen, aber auch die Fähigkeiten, die wir in dieses Leben mitnehmen können.

Am aufsteigenden Mondknoten finden wir das,
was uns von den Abhängigkeiten der Vergangenheit
wegbringt und uns zu neuen Horizonten führt.

Damit ist auf der Mondknotenachse der Gegensatz zwischen dem Alten und dem Neuen, zwischen Abhängigkeit und Freiheit angezeigt. Die Aufgabe besteht darin, eine Synthese zwischen den beiden Gegensätzen zu bilden. Zum Beispiel in den Abhängigkeits- und Freiheits-Themen zu erkennen, dass wir als Individuum nicht nur frei sein können, weil auch die Erfahrung der Abhängigkeit, die im positiven Sinne Verankerung bedeutet, gehört zum Leben.

Der aufsteigende Mondknoten strebt nach Individuation und drängt uns dazu, ins Unbekannte vorzustossen, damit wir nicht im Vertrauten und Gewohnheitsmässigen erstarren. Am aufsteigenden Mondknoten sind wir souverän. Wir tun Dinge, zu denen wir langfristig stehen können und hier sind wir weit entfernt von einem willenlosen Wiederholen alter Gewohnheiten.

An diesem Punkt können wir auch Pläne entwickeln, wie wir unsere Zukunft meistern wollen und wie wir verhindern können, wieder in alte Verhaltensmuster zurückzufallen. Bei der Verwirklichung unserer Ziele am aufsteigenden Mondknoten ist es aber wichtig, die Bedürfnisse am absteigenden Mondknoten mitzuberücksichtigen und zu integrieren. Darin kommt wiederholt die Aufforderung zum Ausdruck,

uns der Ganzheit der Achse zuzuwenden
und nicht nur dem einen Pol,
nicht nur dem einen Teil des Lebens.

Am aufsteigenden Mondknoten müssen wir neue Ausdrucksformen finden, um frühere Bedürfnisse auf eine neue und «erwachsene» Art befriedigen zu können. Sind wir dazu bereit, so fallen uns die früheren Erkenntnisse des absteigenden

Mondknotens bereichernd zu und wir kommen in die Lage, diesen als Wissensreservoir früherer Inkarnationen zu nutzen.

Der absteigende Mondknoten kann aber auch tiefe Wunden, in der Vergangenheit noch nicht verarbeitete Verletzungen aufzeigen. Darum bauen wir dort oft Schutzmechanismen auf und verpflastern dieses Lebensgebiet so gut wir können, damit die Wunde, die darunter liegt, nicht sichtbar und berührbar wird. Wir projizieren dann gerne das Schmerzliche, mit dem wir uns selbst nicht auseinandersetzen wollen, auf die Umwelt und sind bemüht, dies bei den anderen zu lindern. In einem solchen Leben kann der Hang zur intensiven Wunschphantasie dann jene Konfrontationen auslösen, die das Abschiednehmen und «Trauerarbeit» ermöglichen, die schliesslich zur Selbstheilung führen.

Mondknoten-Achse WIDDER - WAAGE oder 1./7. Haus

Aufsteigender MK in Widder
oder im 1. Haus -
Absteigender MK in der Waage
oder im 7. Haus

Man definiert sich über das Du und hat Angst, allein zu sein, deshalb werden viele Kompromisse gemacht um jemanden zu haben, der uns bestätigt.

Denn mit dieser Mondknotenstellung wirkt noch immer eine, aus früheren Inkarnationen mitgebrachte, grosse Abhängigkeit vom Du nach. Wir brauchen die Anerkennung noch und sind deshalb auch bestrebt, möglichst «nett» zu sein, um es den anderen ja recht zu machen. Dies wirkt in Form einer Idealisierung auch in den Beziehungen nach. Die daraus resultierenden Enttäuschungen werden wir solange immer wieder erleben, bis wir gelernt haben, uns auf unsere eigenen Fähigkeiten abzustützen.

Hier lernen wir ICH zu sagen, d.h. ein ICH-Bewusstsein zu entwickeln und auch eine Sicherheit in uns selbst zu finden, um uns damit von den DU-Abhängigkeiten zu befreien. Ein Selbstvertrauen aufzubauen und sich so zu akzeptieren, wie man ist, ohne immer zu fragen, was die anderen wohl von unserer eigenen Handlungsweise denken.

Aufsteigender MK in der Waage
oder im 7. Haus -
Absteigender MK in Widder
oder im 1. Haus

Die eigenen Bedürfnisse möchten gelebt werden und man hat Mühe, die Ansprüche eines Partners zu akzeptieren. Es ist eine grosse Angst vorhanden, dass der andere zuviel von einem verlangen könnte.

Hier bringt man Gewohnheiten eines sehr selbständigen Lebens mit. Man war niemandem Rechenschaft schuldig und nun hat man Mühe, sich einem Beziehungs- und Sozialisierungsprozesses zu unterwerfen.

Aber wir erhalten im Leben die Möglichkeit zu lernen, d.h. mit einem Partner, mit einem Du, Kompromisse einzugehen und nicht um jeden Preis und ausschliesslich seine eigenen Bedürfnisse zu leben. Die anfängliche Mühe mit verbindlichen Beziehungen wandelt sich dann in den Krisen, in den Zeiten des Alleinseins, in welchen wir erkennen, wie wichtig uns das DU ist, und wie sehr wir auf Liebe angewiesen sind. Hier lernen wir eine echte Zuwendung mit dem DU einzugehen und vom anderen nicht mehr zu erwarten, als man selbst zu geben bereit ist.

Mondknoten-Achse STIER - SKORPION oder 2./8. Haus

Aufsteigender MK in Stier
oder im 2. Haus -
Absteigender MK in Skorpion
oder im 8. Haus

Hier ist die Intensität der Instinkte sehr stark ausgeprägt und damit ist auch die Angst verbunden, im Leben erotisch und sexuell zu kurz zu kommen oder eine Situation, die als schön erlebt wird, aufgeben und zurücklassen zu müssen.

Die Achillesferse ist ein übermässiges Bedürfnis nach Bestätigung durch die anderen, welches über Beziehungen, aber auch über Status befriedigt werden kann.

Karmisch gesehen können wir hier unbewusst mit viel Macht aus der Vergangenheit verbunden sein - Macht über andere durch unsere Ausstrahlung oder gesellschaftliche Position.

Das Erlebnis des Alleinseins kann hier eine wichtige Wende herbeiführen, um eine stärkere Selbstsicherheit aufzubauen und die eigenen persönlichen Werte zu entwickeln. Dadurch wird ein «mitgebrachter» starker Magnetismus auf eine neue Art zum Fliessen gebracht, weil wir gelernt haben, diesen auf eine reifere und der jetzigen Zeit entsprechende Art zum Ausdruck zu bringen.

Aufsteigender MK in Skorpion
oder im 8. Haus -
Absteigender MK in Stier
oder im 2. Haus

Hier besteht eine grosse Angst vor Armut oder finanzieller Abhängigkeit, denn mit dieser Mondknotenstellung kann man von solchen vergangenen Existenzen ausgehen, die mit Besitz und Sicherheit verbunden waren. Darum wird oft daran, was man hat, festgehalten, vor allem aber an dem, was vertraut ist.

Bei dieser Stellung geht es darum zu realisieren, dass Besitz nicht das Glück bringt, das man sich anfänglich davon erhoffte. Dies betrifft auch Erotik und Sexualität, wo «mitgebrachte» Verhaltensweisen zu schmerzlichen Krisen und Ablösungen führen, in denen man das, was einem lieb war, zurücklassen muss.

Die Themen sind hier: lernen loszulassen, sich immer wieder in einen Prozess der Wandlung zu begeben, sich zu verändern, die Transformation zuzulassen. Lernen etwas zu wagen, ohne zu wissen, wie es ausgeht, und lernen von den anderen auch etwas anzunehmen. Die Stärken dieser Stellung sind, dass man durch die neuentwickelten Fähigkeiten Zugang zu den Kräften und Gesetzen finden kann, die die Gesellschaft und die Welt zusammenhalten.

Mondknoten-Achse ZWILLINGE - SCHÜTZE oder 3./9. Haus

Aufsteigender MK in Zwillinge
oder im 3. Haus -
Absteigender MK in Schütze
oder im 9. Haus

Kommunikation und Wissen ist hier die Thematik, die nach einer absoluten Wahrheit suchen lässt. Vermittelt die Neigung, sich nicht verbindlich engagieren zu können, aus der Idee heraus, man hätte noch nicht alle Informationen zur Verfügung.

Karmisch gesehen, erlebt man mit dieser Stellung eine Konfrontation zwischen früheren Überzeugungen und Lehrmeinungen und dem Wissen, den «Heute» begegnet wird. Auf dieser Grundlage entsteht jene Unzufriedenheit, die nach einem verlorenen Wissen suchen lässt.

Die Lernthematik ist: Verschiedene Wahrheiten zu akzeptieren. Darum werden das «sich auseinander setzen» mit objektiven Informationen, das Entwickeln logischer Kombinationsfähigkeiten und die ständige «Feuerprobe» der Kommunikation, wichtige Wegbegleiter sein.

Hier geht es darum zu erkennen, dass die Wahrheit nicht irgendwo geschrieben steht und es genügt diese «Schrift» oder jenen Menschen zu finden, die es vermitteln können. Denn jedem neuen Wissen, dem man «begegnet», wird immer wieder eine neue «Ent-Täuschung» Platz machen müssen.

Aufsteigender MK in Schütze
oder im 9. Haus -
Absteigender MK in Zwillinge
oder im 3. Haus

Mit dieser Stellung hat man oft Mühe, sich für etwas zu entscheiden, und löst Ärger und Widerstand aus, weil man keine eigene Meinung hat. Und doch ist oft ein starkes Bedürfnis da, angehört zu werden, dabei zu sein, wenn es oft auch schwierig erscheint, sich verständlich zu machen.

Mit dieser Stellung geht der Weg über die Stille und das Vertrauen in das eigene Wissen, in die Weisheit, die man grundsätzlich zur Verfügung hat, auch wenn man ihr anfänglich nicht traut. Denn das ganzheitliche und bildhafte Denken ist stark entwickelt, ebenso wie die Fähigkeit, sich für neue Formen der Kommunikation einzusetzen.

Karmisch gesehen war die Vergangenheit durch viele Kontakte geprägt, wo auch die Möglichkeit, überall mitzureden und dabei zu sein, vorhanden war.

Der Weg, aus dem «Altbekannten» herauszuwachsen, führt durch die Konfrontation mit anderen Mentalitäten und Meinungen und durch eine philosophische Weiterbildung. Auf diese Weise kann ein eigenständiges Denken entstehen, welches dann auch zu einem Leitfaden für das eigene Leben wird.

Mondknoten-Achse KREBS - STEINBOCK oder 4./10. Haus

Aufsteigender MK in Krebs
oder im 4. Haus -
Absteigender MK in Steinbock
oder im 10. Haus

Es besteht ein enormes Bedürfnis, beachtet zu werden, Einfluss zu haben. Man ist sich gewohnt, Verantwortung zu übernehmen und sich um alles zu kümmern. Es besteht ein Drang zu herrschen, der auch zu einem grossen Misstrauen gegenüber jeglicher Autorität führt. Denn hier wird auch jene Sichtweise vertreten, dass man nur die Wahl zwischen Macht oder Ohnmacht haben kann.

Karmische Erinnerungen an bedeutungsvolle Positionen sind noch nah, aber das Schicksal lehrt uns, die Verantwortung für uns selbst zu übernehmen und uns einem kleinen Kollektiv oder der Familie zu widmen.

Dies verlangt oft ein Zurücknehmen, ein Hinabsteigen von einer erreichten Höhe, ein Abschied nehmen von alten Gewohnheiten, um zu lernen, sich wieder wie einer von vielen zu fühlen.

Aufsteigender MK in Steinbock
oder im 10. Haus -
Absteigender MK in Krebs
oder im 4. Haus

Emotionale Nahrung sowie Geborgenheit und Sicherheit sind ungestillte Bedürfnisse. Man verharrt gerne in der «Kindrolle», hat Angst selbst eine Autorität zu werden und es besteht ein grosses Anlehnungsbedürfnis. Mit dieser Stellung kann man sich auch über seine Herkunft schämen, oder man geht den Konflikten mit der Familie aus dem Weg.

Karmisch gesehen sind hier alte Gewohnheiten vorhandenn, dass man andere über ihre Gefühle und ihre Unselbständigkeit beeinflussen kann. Eine vorhandene Idealisierung der «Mutter» muss aufgelöst werden, um dadurch das, was man «nicht bekommen hat», neu verstehen zu können. Mit dieser Stellung ist es auch wichtig, sich vom zwanghaften Bedürfnis nach Abhängigen zu lösen.

Die Lernthematik besteht darin, in der Gesellschaft, im Beruf, in der Familie Verantwortung zu übernehmen und sich damit auch positiv in einem Kollektiv einzuordnen. Aber vor allem ist es wichtig, den Konflikten in der Familie zu begegnen.

Mondknoten-Achse LÖWE - WASSERMANN oder 5./11. Haus

Aufsteigender MK in Löwe
oder im 5. Haus -
Absteigender MK in Wassermann
oder im 11. Haus

Das Bedürfnis, eine «Sonderposition» innerhalb einer Gruppe einzunehmen und überall dabei sein zu können, ist gross. Mit dieser Mondknotenstellung hat man oft Schwierigkeiten, klare, einheitliche Ziele zu verfolgen, denn es gäbe ja noch soviel Anderes und Interessantes. Hier verbindet man sich auch oft nur mit Gleichgesinnten, die auf dem gleichen «Niveau» stehen und man reagiert gerne selektiv gegenüber anderen.

Die Vergangenheit war von Kameradschaft und Freundschaft mit «Gleichartigen» geprägt. Nun geht es darum, sich auch persönlich einzubringen, Spontaneität zu entfalten und zu sich selbst zu stehen. Wagen, zu experimentieren und das Risiko neuer Unternehmungen auf sich zu nehmen. Sich mit vollem Schwung immer wieder in neue Abenteuer zu stürzen. Das Leben und die Liebe geniessen, mit dem Leben flirten. Sich selbst im Leben darstellen und kreativ zu sein.

Seine Talente zu entwickeln, sich für etwas zu engagieren, ist eine wichtige Aufgabe. Denn es geht darum, zu realisieren, dass dies das eigene Leben ist.

Aufsteigender MK in Wassermann
oder im 11. Haus -
Absteigender MK in Löwe
oder im 5. Haus

Man ist sich gewohnt spontan wie ein Kind zu sein und braucht oft lange, um erwachsen zu werden. Es besteht auch eine besondere Anziehung für gefährliche Situationen, denn Spass und Gefahr gehen hier eine enge Verbindung ein. Mit dieser Stellung hat man oft eine grosse charismatische Ausstrahlung, man möchte beachtet und bemerkt werden und nicht nur einer unter vielen sein.

Karmisch gesehen kann man auf eine Vergangenheit schliessen, die mit einer besonderen Rolle und einer besonderen Ausstrahlung im Zusammenhang stand. Aus dieser Identifikation heraus wird das jetzige Leben, insbesondere am Anfang, als einschränkend erfahren. Denn es ist zu lernen, sich gleichwertig mit den anderen zu fühlen und sich selbst keine Sonderpositionen zu schaffen. Auch Toleranz und Akzeptanz gegenüber Andersdenkenden zu entwickeln und die Ansprüche und Freiheiten der anderen ebenso ernst zu nehmen wie die eigenen.

Dabei muss viel persönlicher Stolz aufgegeben werden. Die damit verbundenen Lernthemen können in verschiedenen Stufen stattfinden. Als erstes durch die Identifikation mit dem eigenen Wesenskern, daraus kann dann die Identifikation mit einer Gemeinschaft folgen, um dann auch das zurücklassen zu können und sich den menschlichen Themen als Ganzes zu widmen.

Mondknoten-Achse JUNGRFAU - FISCHE oder 6./12. Haus

Aufsteigender MK in Jungfrau
oder im 6. Haus -
Absteigender MK in Fische
oder im 12. Haus

Auf dieser Achse geht es um Existenz und Transzendenz und um die Erkenntnis, dass es für das Leben nicht ausreicht, sich nur mit dem Spirituellen und Kosmischen auseinanderzusetzen. Mit dieser Stellung können auch undefinierbare Schuldgefühle und diffuse Ängste hinsichtlich Gefahren erlebt werden. Auch die Träume können eine Verbindung zu den tieferen Schichten des Unbewussten herstellen, die so weit weg von der täglichen Realität sind, dass es Desorientierung hervorruft. Aus all dem resultiert auch ein Drang, sich von den Aktivitäten des Lebens zurückzuziehen.

Karmisch gesehen kann man einen Zusammenhang erkennen von einer Vergangenheit mit religiösem und geistigem Wissen und einem mitgebrachtes Bewusstsein, das grössere Zusammenhänge wahrzunehmen vermag. Zu diesen unbewussten Erinnerungen gehört auch eine anfängliche Weigerung für dieses Leben wie auch die Sehnsucht nach einem Gefühl des «inneren Verbundenseins».

Die Lernthemen ermöglichen, dass das Verlangen nach Einsamkeit und Absonderung aufgegeben wird. Die darauf folgende und notwendige «Revision» der eigenen Strukturen und des Körpers führt dann dazu, dass man sich auch in der Aussenwelt mit «Revisions- und Reparaturbedürftigem» auseinandersetzt. Durch die Arbeit mit «chaotischen» Situationen bei anderen kann der eigene Konflikt erlebt und durch den Dienst am Leidenden aufgelöst werden. Erst wenn diese Umstellung vollzogen und neue «Wurzeln» entstanden sind, kann das vorhandene geistige Wissen in das Leben hineinfliessen, ohne es zu zerstören.

Aufsteigender MK in Fische
oder im 12. Haus -
Absteigender MK in Jungfrau
oder im 6. Haus

Immer beschäftigt sein, immer tätig sein, ist ein Markenzeichen dieser Stellung. Auch die Angst um das Überleben und die Existenzkämpfe sind Themen, die einem vom inneren Wachstum abhalten können. Das Gefühl, nützlich und unersetzlich zu sein, erscheint für diese Stellung oft als die beste Garantie, nicht in einen Wettbewerb mit anderen treten zu müssen. Auch eine Krankheit - um einer Überforderung auszuweichen -, wird oft als einziger Weg unbewusst eingesetzt.

Die karmischen Erinnerungen sind von klar umrissenen Denknormen und von Kontrollmechanismen geprägt. Dadurch zählt als wertvoll nur das, was man messen, einordnen und strukturieren kann. Erst durch das Zurücklassen materialistischer Betrachtungsweisen wird die Öffnung für eine neue

Ordnung möglich. Auch die Religion, als Antwort und «Halt» auf alle Lebensfragen, begleitet diese Stellung. Aber jegliches «Schubladendenken» möchte in diesem Leben überwunden werden, damit eine grössere Ganzheit sichtbar werden kann.

In diesem Leben wird es genauso wichtig sein, das Improvisieren zu lernen, auf die innere Stimme zu hören, sich dem Fluss des Geschehens hinzugeben um damit den Bezug zu einem immer «grösseren Ganzen» zu finden wie auch eine Bereitschaft für Isolation und Alleinsein zu entwickeln. Wurde das Vertrauen in die allgegenwärtige kosmische Ordnung entwickelt, werden frühere Fähigkeiten des Organisieren und Einteilens auf eine neue Art nutzbar gemacht.

Jedes Leben ist eine Teilstrecke auf dem Weg, der aus der Vergangenheit in die Zukunft führt

Jedes «Heute» ist eine Brücke, die «Gestern» und «Morgen» verbindet. Der Zukunft zu begegnen verlangt von uns als erstes die Annahme der Vergangenheit. Darum führt in jeder Inkarnation «der Weg des Lebens» als erstes durch die Konfrontation mit den Themen der Vergangenheit. Denn

das Seelenziel ist in der ZUKUNFT verankert,
aber unser Bewusstsein in der VERGANGENHEIT

Wir werden in eine «Gegenwart» geboren, doch in all unseren Regungen ist die «Vergangenheit» noch so nah, als wäre die Nabelschnur für dieses Leben noch gar nicht durchtrennt. Und doch zieht es uns auch in jene Richtung, in welcher wir bereits die «Zukunft» spüren. Unsere Seele lässt deren Bilder mal durch Sehnsucht, mal durch Angst, vor unseren inneren Augen immer wieder auftauchen.

Mit vielen kleinen Schritten lehrt uns das Leben, Vergangenes zurückzulassen, um durch das Freiwerden für die Aufgaben der Gegenwart, den Weg in die Zukunft bauen zu können.

Wenn wir eine Zeit aufhalten oder verändern möchten, vergessen wir, dass jede Zeitqualität durch unser Bewusstsein erzeugt wurde.

Weder das Festhalten einer Zeitqualität
in einer stetig voranschreitenden Evolution ist möglich,
noch jene Schnelligkeit der Veränderung,
welche durch die Eigenart des Bewusstseins
nicht ermöglicht wird.

Der Weg zur ZUKUNFT
führt durch das Tor der VERGANGENHEIT,
wodurch die Freiheit für die Aufgaben der
GEGENWART erlangt wird.

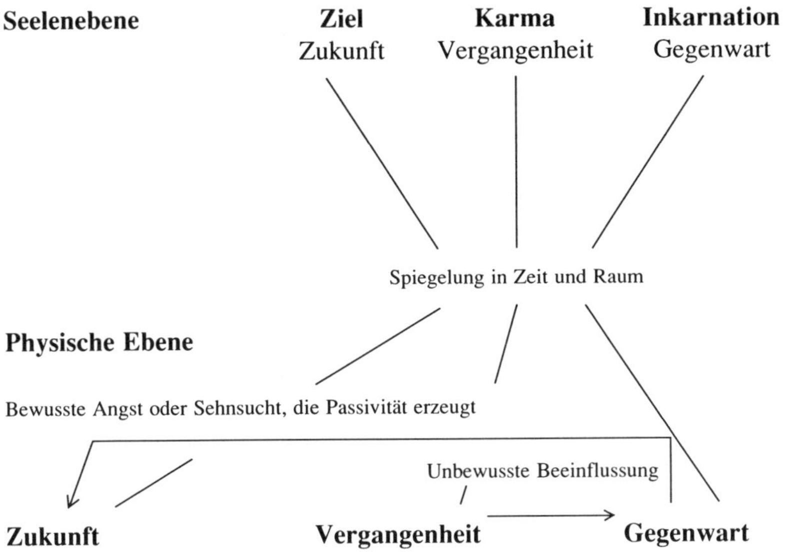

Zukunft

Erst indem man die Wichtigkeit der «Alltags»-Erfahrungen erkennt, öffnet sich das Tor für die Zukunft.

Vergangenheit

- Wertmassstab
- Gewohnheitsmuster
- Vergleichsbedürfnis
- Richtungsweiser
- Bewusstseinsverankerung

Gegenwart

Die Erlebnisse können erst im nachhinein wirklich verstanden werden.

DER ASZENDENT IST WIE EIN SAMEN, DER SOWOHL DIE POTENZ WIE AUCH DAS ZIEL IN SICH TRÄGT

Das Leben in all seinen Formen ist «strahlende» Energie

In dem grossen kosmischen Energiefeld, das wir Universum nennen, ist alles sichtbar gewordene Energiekonzentration. Jedes System, jeder Planet oder Körper, wie gross oder klein er auch sein mag, ist sowohl Empfänger wie auch Sender von strömenden Energien. Nichts ist ausserhalb dieses grossen magnetischen Stromes. Denn Energie ist mit anderen Worten Leben, und ob diese Energie im Äther strömt oder durch eine Form strahlt, sie ist in ständiger Bewegung und Austausch.

Die Art, wie eine Form oder ein Körper diese Energien empfängt, wahrnimmt und weitersendet, ist identisch mit dem evolutionären Stand des Empfängers in allen Bereichen des Lebens. Ob er ein lebendiges Wesen, eine strahlende Sonne, ein kleiner Planet, ein Mensch, Tier oder eine Pflanze ist - alle strahlen und empfangen Energien auf ihre eigene, durch ihre Evolution bereits entstandene Art.

Jede Lebensform
trägt und strahlt die Qualitäten des Erreichten
und ist von diesem Stand aus «unterwegs»,
um in eine nächste Fähigkeit hineinzuwachsen.

Die Astrologie ist jene Wissenschaft, die die Zusammenhänge «allen Lebens» aufzeigt, und die Strahlungsfähigkeit des «Lebens» zum Ausdruck bringt. Dadurch repräsentiert sie die älteste Form für die Wissensvermittlung geistiger Wahrheiten, denn die Astrologie beschäftigt sich mit jenen Energien und Kräften, die im ganzen Universum wirkt und alles, was in diesem «Raum» existiert, beeinflusst. Sie arbeitet mit den Wirkungen und Beziehungen, die durch all die individuellen, planetarischen, solaren und kosmischen Verbindungen entstehen.

Unsere Gedanken,
dass wir in einem einmaligen Sonnensystem
und auf einem der bedeutendsten Planeten leben,
dass wir ein ganz besonderes Individuum sind,
lernen wir nur sehr langsam loszulassen.

Auch die Ansicht, dass vor allem jene Energien am stärksten dominieren, in dem sich das Zeichen unserer Sonne befindet, ist in unserer Vorstellung noch immer vordergründig. Genauso jene Annahme, dass die Stellungen der Planeten unsere Lebensumstände bestimmen würden.

Natürlich zeigen die «planetarischen» Einflüsse die äusseren Lebensumstände an. Sie können auch jene Menschen, die die Verbindung zu ihrem wahren und wirklichen selbst noch nicht hergestellt haben, stark beherrschen. Sobald aber der Mensch sich seiner Seele bewusst wird und danach strebt, sein Leben in die «eigenen Hände» zu nehmen, die Eigenverantwortlichkeit und -zuständigkeit für sich selbst zu tragen, schwächen sich die Einflüsse deutlich ab, und der Mensch ist seiner Umwelt immer weniger ausgeliefert.

Auf diese Weise wird ein bewusst lebender Mensch auch für die feineren und höheren Energien des Sonnensystems, die durch die zwölf Sternbilder strömen, vermehrt empfänglich. Dadurch wird er auch von den schnell wechselnden planetarischen Einflüssen nicht mehr so stark beeinflusst, denn

er hat schon gelernt, die Reaktionsbedürfnisse
seiner Persönlichkeit zu beherrschen.

Das Fadenkreuz des Lebens

Der Einstieg oder der Anfang eines neuen Lebens manifestiert sich im Horoskop durch den Aszendenten. Der Aszendent entsteht durch die Horizontebene, die vom Geburtsort aus nach Osten zeigt. Die genaue Geburtszeit ermittelt dann jenes Tierkreiszeichen, das zur Stunde der Geburt an diesem Horizont im Osten aufsteigt. So wird dieses aufsteigende Zeichen eine wichtige Kraftquelle für das gerade begonnene Leben.

Der Aszendent wirkt wie ein Samen, der sowohl die Potenz
wie auch den vollen Plan für sein Wachstum,
und damit für das Ziel des Lebens, bereits in sich trägt.

Bei einem Neubeginn, der immer zwischen Vergangenem und Zukünftigem liegt, sind die unbewusst mitgebrachten Erinnerungen an gehabte Verkörperungen und Erlebnisse aber noch ebenso stark wie die unbewusste Kraft, die für ein neues Leben schon wirksam ist.

Somit ist in der Zeichenqualität des Aszendenten
nicht nur unsere ganz spezielle Eigenart,
sondern auch unsere Wachstumsrichtung für dieses Leben
verborgen.

Natürlich ist der Aufbau unserer Persönlichkeit eng mit der Konstellation unserer Sonne (Verstand) und unseres Mondes (Gefühl) und all den anderen Planeten verbunden.

Aber der Aszendent symbolisiert noch eine tiefere
Wesensart, die sich durch unbewusste Reaktionen
und durch einen unbewussten Sog - der uns in eine
ganz bestimmte Richtung zu ziehen scheint - manifestiert.

Immer wenn wir für eine neue Erfahrung und zu einer neuen Inkarnation bereit sind, stellen wir uns in ein Kreuz hinein, nehmen das Kreuz des Lebens auf uns.

Wenn wir uns selbst als dieses Kreuz vorstellen, berühren wir mit der linken Hand den AC, durch welchen wie durch eine «Nabelschnur» die Energien für dieses Leben in uns hineinströmen.

Auf der gegenüberliegenden Seite berühren wir mit der rechten Hand den DC, unter unseren Füssen ist der IC und über unseren Kopf der MC.

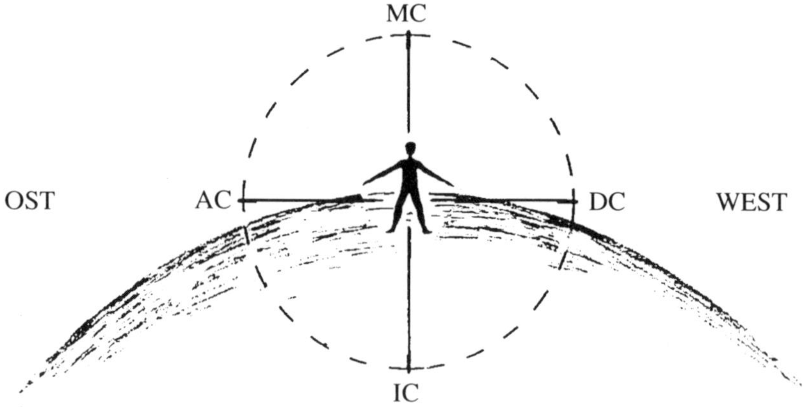

Der AC ist als Potenz- und Kraftquelle bereit, in ein neues Leben hineinzuströmen und es zu «beleben». Natürlich kann diese Energie durch unsere «mitgebrachten» Verneinungen oder Ängste auch gemindert oder gehemmt werden. Besonders dann, wenn es uns in eine Richtung und Erfahrung zieht, zu der wir noch nicht so gern bereit sind.

Der DC dieser Du- oder Begegnungspunkt, liegt im Horoskop der Ich-Seite gegenüber und bietet - durch den Austausch mit der «Welt der anderen» - viele Möglichkeiten, uns selbst, durch die Begegnung mit dem «Du», zu erkennen.

Der IC wird auch als «Himmelstiefe» bezeichnet. Hier bilden sich die Muster für unsere Kollektiv-Erfahrungen, die Formen für unser Gruppenleben. Es braucht oft eine lange Strecke des Lebensweges, bevor ein neues Verständnis für diese, so prägenden Werte in uns entstehen, und damit die Möglichkeit, sich durch neue und eigene Wurzeln in diesem Leben zu verankern.

Der MC als symbolische «Himmelsmitte», ist der höchste Punkt in unserem Horoskop. Er weist auf jene Zielrichtungen, die das «Höchste» für uns darstellen und die wir durch die Kraft der Individualität auch anstreben. Aber das Schicksal, das so oft helfend eingreift, hilft uns dabei, dass vieles von dem, was uns als das «Höchste» erscheint, immer wieder neu definiert werden kann.

Das FADENKREUZ eines Horoskopes weist den WEG
hinein in das Leben im «Hier und Jetzt».
Mit all seinen Möglichkeiten,
aber auch mit all den Notwendigkeiten der Wandlung,
damit das «Ewige» und das «Werdende»
in uns wachsen können.

Der Aszendent und seine Bedeutung

Viele Menschen, auch solche, die keine Astrologiekenntnisse haben, verbinden sich gerne mit dem Zeichen ihres Aszendenten, als würden sie spüren, dass dessen Qualität eine wesentliche Beziehung zu ihnen hat. Im allgemeinen wird die Anschauung vertreten, dass der AC:

- für das Bild, das die anderen von uns wahrnehmen, zuständig ist,
- die physische Körperform prägt,
- die Vitalkraft des Körpers beeinflusst und
- der Ausdruck des unbewussten Ichs ist.

Das Zeichen der Sonne prägt unsere bewusste Persönlichkeit. Es zeigt, auf welche Art und mit welchem Temperament wir dem Leben begegnen, ob wir feurig oder eher gefühlvoll sind, ob wir das Leben mit dem Verstand begegnen oder durch die Freude an der Tätigkeit erleben möchten.

Somit zeigt das Zeichen der Sonne
unsere Ausdrucksmöglichkeit für dieses Leben
und umhüllt mit seinen Energien jenes Wesen,
das wir eigentlich schon lange sind.

Wir hatten schon so viele und so unterschiedliche Persönlichkeitsformen und werden in unseren nächsten Erdenleben wieder andere haben, denn auf diese Weise können wir Erfahrungen sammeln und Schwächen ablegen. Indem jedes Leben eine ganz bestimmte Grundthematik in sich trägt und uns dadurch einen Schritt weiterführt, lässt es in unseren Wesenstiefen neue Qualitäten entstehen.

Im AC liegt das, was wir mitbrachten, das
was wir bereits geworden sind,
genauso verborgen
wie auch das,
was wir in diesem Leben erarbeiten möchten.

Die Erfahrungen eines Lebens zielen immer auf das Erhöhen, auf das Erweitern, auf die Verfeinerung dessen, was wir als Potenz, als Fähigkeit schon längst in uns tragen. Denn

das Ziel eines Lebens
ist im Grunde genommen,
nur ein kleiner nächster Schritt
auf einem langen Weg der Entfaltung.

Das Sonnenzeichen zeigt nicht nur unsere physische und mentale Beschaffenheit, sondern verbunden mit der Hausstellung steht die Sonne auch in einer engen Verbindung mit Erfahrungen aus vergangenen Inkarnationen, denn die Eigenart unserer «Sonnen-Persönlichkeit» ist ja nur ein «nächstmöglicher» Schritt.

Aus diesem Grunde beeinflusst die Sonnenenergie nicht nur die Lebensqualität, sondern auch die Art, wie die Verbindung und der Austausch mit dem Leben praktiziert wird. Dadurch wird es leicht verständlich, dass sowohl die Bedürfnisse wie auch die Zielsetzungen und damit auch die «Grenzen» einer Persönlichkeit mit der Stellung seiner Sonne eng verbunden sind.

Jeder Mensch, der sein Sonnenzeichen bereits entfaltet, und damit den Grenzen seiner Persönlichkeit begegnet und sie erkannt hat, erlebt eines Tages, dass er für die bisherige Richtung in seinem Leben keine «Energien» und keine Freude mehr in sich trägt.

Die «erste Aufgabe»,
die Verwirklichung und Entfaltung der Persönlichkeit
ist abgeschlossen.

Die Ziele des Lebens müssen nicht mehr ausschliesslich dem vergänglichen Ich dienen, denn er ist stark und innerlich frei geworden, um dem Seelenvorhaben für dieses Leben zu begegnen.

Zusammengefasst:

Das Sonnenzeichen weist auf GEGENWÄRTIGE Themen und bestimmt das Persönlichkeitsleben. Diese Energie steht in enger Verbindung mit «mitgebrachten» Tendenzen und dem Temperament, das in diesem Leben wieder zum Ausdruck kommen möchte. Somit weisen diese Energien und Kräfte auf einen Weg, der keine wirklich grossen Widerstände in sich trägt.

Der Mond ist jene Kraft, die auf VERGANGENES deutet. Eine starke Verbindung. Mit diesen Energien lässt in einer Inkarnation Begrenzungen und Hindernisse erleben. Seine Wirkung beherrscht auch den physischen Körper und kann dadurch klar aufzeigen, wo sich in einer Persönlichkeit das «Gefängnis der Seele» befindet. Denn die unbewussten Erinnerungen vermitteln auch in diesem neuen Leben manche alten Gewohnheitsmuster und emotionalen Bedürfnisse, die auf dem Weg des Wachstums noch zurückgelassen werden müssen.

Der Aszendent oder das Zeichen, das bei unserer Geburt am Himmel gerade «aufsteigt», weist auf die Lebensabsicht, auf das unmittelbare Seelenziel in dieser Inkarnation hin. Dadurch ist sie mit der ZUKUNFT, mit Wachstum verbunden und vermittelt jene Kraft, die den Menschen in diese Zielrichtung trägt. Er repräsentiert jene Energien, die die Seele und die Persönlichkeit verbinden lässt und auf den Weg der Erkenntnisse führt. Diese Unterstützung wird aktiviert, wenn der Mensch seiner Seele, seines «ewigen Lebens» bewusst wird, und bereit ist, von seiner «augenblicklichen Stufe» aus weiter voranzugehen.

Die grossen Energien des Tierkreises, des Sonnensystems und der Planeten können entweder als behindernde oder als anregende Kräfte erlebt werden, je nachdem auf welches «Bewusstsein» sie treffen. Die Eigenart einer Persönlichkeit und deren Fähigkeit, anzuziehen, zu reagieren, abzustossen, zu absorbieren oder umzuwandeln, hängt ganz und gar von ihrer erreichten Entwicklungsstufe ab.

Ein geeignetes Beispiel kann man dafür in der heutigen Welt erleben, in der die Kräfte in einer fast gewaltsamen und wie mit neuem Mass und Tempo verbundenen Art das Leben auf dieser Erde berühren, und eine verstärkte «Reaktion» hervorrufen. Einerseits stimulieren sie die Kräfte der Denker, um nach neuen «Ideologien» zu suchen, gleichzeitig aber bewirken sie, bei den weniger bewusst lebenden Menschen, Fatalismus, grosse Unsicherheiten, Angst und weitverbreitete physische Erschöpfungszustände als Reaktion des Körpers.

Diese verstärkten Energien manifestieren aber nichts anderes als den verstärkten «Impuls» des Geistes,

der die Menschheit als ganze
auf das beginnende Wassermannzeitalter
aufmerksam machen möchte.

Eine Zeitenwende ist immer der Beginn einer neuen Epoche, ein neuer Schritt, mit neu gesteckten Seelenzielen für neue Erkenntnisse und Erfahrungen.

Die Botschaften der Wassermannenergien
fördern und unterstützen die bewusste Wahl,
einen bewussteren Umgang
mit dem Annehmen oder Ablehnen einer gegebenen
Gelegenheit.

Und solche Zeiten schulen die Eigenverantwortlichkeit, die allein zu einem planvollen und bewussten Leben führen kann.

Die drei Ebenen des Lebens

Das sichtbare Leben ist Energie in Manifestation. Mit anderen Worten bewegen sich, die pulsierenden Energien des Lebens innerhalb jener Frequenzen, die für unsere Augen sichtbar, für unsere Hände berührbar und für unseren Intellekt erfassbar sind.

Für die Wahrnehmung der «höheren» oder feinstofflicheren Energiebereiche brauchen wir als erstes die «Zulassung», dass wir uns mit solchen Gedanken überhaupt auseinandersetzen möchten, die Zulassung der Gedanken, dass solche Ebenen überhaupt existieren. Der zweite Schritt ist dann jene Bereitschaft, die die Entfaltung und «Verfeinerung» der Sinneswahrnehmungen ermöglicht, um auch jene Energien, die nicht unmittelbar erlebbar sind, wahrzunehmen.

Die evolutionäre Entwicklung des Lebens zielt auf diese Entfaltung unserer Fähigkeiten, damit wir in immer grösserem Umfang mit dem «Leben» in Austausch kommen können, das heisst die wirkenden und strömenden Energien nicht nur in einigen kurzen Frequenzen zu empfangen und zu senden fähig sind.

Auch die Sonnen und Planeten im Kosmos
sind weit fortgeschrittene und
energiestrahlende Wesen,

und ihre Wirkungskraft ist bei einer Gruppenformation besonders stark prägend. Ihre Strahlungsfähigkeit umfasst und berührt alle Ebenen, von den sichtbaren, physischen bis zu den feinstofflichen geistigen Bereichen.

Denn jene alte Wahrheit, dass

in allen Formen des Lebens die Dreifachheit von
Körper, Seele und Geist
manifest ist,
ist für alle Bereiche des sichtbar gewordenen Lebens
zutreffend.

Der Unterschied zwischen diesen drei Ebenen ist der Unterschied der Energien, die sie durchfluten, die sie empfangen und senden. Je wirkungsvoller und «strahlender» eine Lebensmanifestation ist, um so ersichtlicher ist es, dass hier alle drei Ebenen eines «Lebens» in den Aktivitäten integriert sind.

Folgen wir diesen Gedanken weiter, fällt es nicht mehr schwer zu verstehen, dass auch die Planeten und Sternkonstellationen die selbe Trinität in sich tragen, wie es auch unsere eigene Dreiheit darstellt. Von da aus ist es dann nur ein kleiner Schritt jenen Gedanken zuzulassen, dass unser eigener evolutionärer Stand dafür zuständig ist, auf welcher Ebene wir die Verbindung und den Austausch mit «unseren» Planeten und Zeichen herstellen und erleben, auf welcher Ebene wir mit ihnen «kommunizieren».

Ist in einem Leben unser Bewusstsein zum Beispiel ausschliesslich mit der physischen Ebene verbunden, sind auch die Energien, die wir empfangen und senden, auf dieser materiellen Ebene verankert, und unsere Lernerfahrungen werden in dieser Zeitperiode auch mit der physischen Ebene, mit Körper und Materie, verbunden sein.

Die drei Teile des Ichs,
das physische, das emotionale und das mentale Ich,
lernen durch die Jahrtausende,
durch unzählige Inkarnationen
die Koordination, die Einswerdung des Ichs,

deren Resultat dann das Gleichgewicht der Persönlichkeit wird. Denn solange in einem Leben unsere Hauptinteressen mit dem Erfolg und Misserfolg der einzelnen Persönlichkeitsanteile beschäftigt sind, verbinden wir uns auch mit gleichartigen Energien aus unseren Umgebung, ob sie durch Menschen, Situationen oder Planeten ausstrahlen.

Hat sich unser Bewusstsein für den Sinn einer Inkarnation, für die Ziele der Seele geöffnet, werden wir auch immer fähiger, die von der Seelenebene strömenden feinstofflicheren Energien zu empfangen, die die Entfaltung dieser Ebene in uns fördern und unterstützen.

Die Energien, die einem Zeichen zugesprochen werden, interpretiert die Astrologie auch durch jene Planeten, die zu einem Zeichen «gehören» und durch sie wirken. Die transpersonale Astrologie unterscheidet für die Zeichenzuordnung zwischen jenen Planeten, die die Persönlichkeits-Entfaltung begleiten und jenen Planeten, die für den feinstofflichen Bereich des Zeichens zuständig sind.

Es ist daher eine der wichtigsten Merkmale der transpersonalen Astrologie, dass sie mit den unterschiedlichen «Ebenen» eines Zeichens arbeitet, und unterschiedliche Planeten der einen oder anderen Ebene zuordnet. Denn die eine Ebene betrifft die

Persönlichkeits-Entfaltung
und die andere das
Seelen-Ziel in dieser Inkarnation.

Daraus wird ersichtlich, dass die grossen Transformations-Themen des Wachstums auch

in den Unterschieden der beiden Ebenen
eines Zeichens verborgen sind.

Am Anfang jedes Lebens, wenn wir erneut in einen «Kreis-Weg» von Erfahrungen einsteigen, müssen wir durch Zeiten gehen, in welchen wir unsere Persönlichkeit aufbauen und festigen. Wir erschaffen den «Grund», auf welchen später gebaut werden kann, erarbeiten Qualitäten, durch welche wir später wirken können. In dieser Periode der Persönlichkeitsentfaltung sind wir mit jenen Energien verbunden, die durch die Zeichen und Planeten die Erfahrungen der Persönlichkeit unterstützen. Unsere Aufgaben und unsere Sorgen sind in dieser Zeit vor allem mit den grobstofflichen Bereichen des Lebens verbunden, denn unsere Persönlichkeit sollte sich in dieser materiellen Welt verankern und einsetzen können.

Erst viel später, wenn die Zeit und unsere Bereitschaft für das «Weitergehen» reif geworden ist, stellen wir an das Leben nicht mehr nur die Fragen des «wodurch» und «wie», sondern auch des «wohin» und «warum». Es ist auch die Zeit, in der wir uns für die Energien, die aus den feinstofflicheren Bereichen des Lebens fliessen, öffnen, und somit die Zeit, in der die Verwirklichung des Seelenvorhabens für dieses Leben beginnen kann. Dass diese Zeit aber auch die «Krisen» und das «Chaos» der Neuorientierung mit sich bringen muss, können wir erst nachträglich verstehen, wenn die Umwertung der Gedanken schon zugelassen wurde.

Zusammenfassend formuliert:

Wenn wir im «Aufsteigenden» Zeichen des AC
sowohl den Anfang wie auch das Ziel erkennen,
können wir in den unterschiedlichen Energiebereichen
dem «WEG» eines Lebens begegnen.

Denn jedes Leben ist ein wichtiger Teil einer langen Wegstrecke, weil

«DER WEG»
aus unzähligen Leben besteht,
und jedes Leben das vorangegangene
heilt und verarbeitet,
um dadurch gleichzeitig
eine Vorbereitung auf das nächste Leben zu sein.

DAS TIERKREISZEICHEN ALS ENERGIEFELD

Der Tierkreis ist eine Symbolisierung des ständigen Wechsels des Lebens, des Ablaufs der Jahreszyklen, des Wechsels von hellen und dunklen Jahreszeiten, und damit selbst das Geheimnis von Leben und Tod. Auch das Konzept der Wiedergeburt können wir als eine logische Folgerung für die Erfahrungen in den sich wechselnden Zyklen der Zeit erkennen, in den Zyklen, die sich periodisch durch Manifestation und Nicht-Manifestation unterscheiden.

Denn das Leben ist wie ein rhythmischer Pulsschlag, der uns durch die Prozesse des «Zusammenziehen» und «Ausdehnen», durch Winter und Sommer, durch Helles und Dunkles führt, um das Ergänzende, das Zusammengehörende in den Gegensätzen zu erkennen. Und indem wir versuchen die zyklischen Prozesse der Erneuerung zu verstehen, sind wir schon bemüht, die Verbindungen zwischen dem universellen Makrokosmos und dem individuellen Mikrokosmos zu verstehen. Die Beziehung zwischen Zukunft und Vergangenheit in jedem Moment der Gegenwart.

Von dieser rhythmischen Kraft wird das bewusste und das unbewusste Leben durchdrungen, die rationalen und irrationalen Handlungen sowie das ganze menschliche Erleben in den kollektiven und individuellen Verbindungen.

Der Tierkreis als Energiefeld
symbolisiert diesen dynamischen Prozess des Lebens
und ist damit ein Kreis von Schwingungen,
der das Leben beeinflusst und aufrechterhält.

Diese kosmischen Energien, diese unsichtbaren Bausteine aus den gestaltenden Kräften des Kosmos wahrzunehmen, ist für uns nur durch die bereits entstandenen Formen möglich. Ob diese «Formen» die grossen Symbole des Himmels oder die kleinen Linien in unseren Handflächen sind, sie manifestieren dieselbe lebensspendende und erhaltende Ur-Kraft sowohl für den «Körper» wie auch für die «Psyche».

Die Tierkreiszeichen sind universelle Energiefelder, und somit ihrem Wesen nach auch identisch mit der Jungschen Interpretation über die Archetypen, denn sie haben schon seit Anbeginn der Zeit alles Leben auf diesem Planeten geformt.

Denn jedes einzelne Zeichen symbolisiert genauso die Möglichkeit für bestimmte Erfahrungen wie auch die spezielle Eigenart, durch welche jemand die Welt erleben und ihr begegnen kann. Es zeigt ebenso die Lebensbereiche auf, für welche in einer bestimmten Inkarnation eine grössere Aufmerksamkeit geschenkt werden sollte wie auch die mitgebrachten Vorlieben für eine gewohnte Reaktionsart. Die Zeichen des aufsteigenden Mondknotens und des Aszendenten weisen auf Themen und Bereiche, die zu erarbeiten sind.

Dagegen begegnen wir dem Zeichen des absteigenden Mondknotens, dem Zeichen des Mondes oder jenem Zeichen, in welchen viele Planeten «verankert» sind, meistens unbewusst, und die Energien dieser Zeichen erleben wir oft nur durch unsere Reaktionen. Auch ist es nicht selbstverständlich, dass die Eigenart des Zeichens, in dem sich die Sonne befindet, mit unserer Wesensart identisch ist.

Das Bewusste, das Selbstbewusste
muss immer zuerst erarbeitet werden,
bevor das Sonnenzeichen
wirklich wirkungsfähig werden kann.

Die grossen energetischen Unterschiede zwischen unserer bewussten Eigenart und jenen Lebensbereichen, in welchen wir durch unbewusste «Automatismen» reagieren, lassen das Leben unruhig und oft sogar «unberechenbar» erscheinen. Die unterschiedlichen Zeichenqualitäten, die unser Leben begleiten, können wir auch als starke Gegensätze in uns selbst empfinden, die wiederum durch die Erfahrungen des Hin- und Hergerissenseins die Schritte der Bewusstwerdung einleiten.

Um die energiestrahlenden Zeichen besser zu verstehen, werden die zwölf «Felder» in drei Hauptbereiche, in drei Energietypen aufgeteilt:

- Die Kardinalzeichen repräsentieren eine zentrifugale, ausstrahlende Energie und entsprechen dem Prinzip des «Handelns» in eine bestimmte Richtung». Davon sind WIDDER und WAAGE eher gegenwarts- und zukunftsorientiert, KREBS und STEINBOCK dagegen eher mit der Vergangenheit und Tradition verbunden.

- Die Fixzeichen repräsentieren eine zentripetale Energie, eine die nach innen auf ein Zentrum hin gerichtet ist. Die Fähigkeit für «Konzentration» und Beharrlichkeit - falls sie nicht in Trägheit stekkenbleibt - gibt den Zeichen STIER, LÖWE, SKORPION und WASSERMANN das Potential für ein konzentriertes Bewusstsein.

- Die Veränderlichen Zeichen entsprechen dem Prinzip der «Harmonie». FISCHE und JUNGFRAU stehen mehr in Bezug zum Vergangenen, ZWILLINGE und SCHÜTZE orientieren sich an der Zukunft.

Das Tierkreiszeichen und die vier Elemente

Wenn wir die Energiefelder oder mit anderen Worten die Tierkreiszeichen noch zu den vier Elementen der Materie zuordnen, also zu Feuer, Erde, Luft und Wasser, dann erhält ein Zeichen durch die Verbindung zu einem «Temperament» einen Wesenszug, der das «Element» zu welchem ein Zeichen gehört, vermittelt.

- Den Luftzeichen	ZWILLINGE, WAAGE, WASSERMANN werden Empfindung, Wahrnehmung und eine besondere Fähigkeit für den Ausdruck von Gedankenformen zugeordnet.
- Die Feuerzeichen	WIDDER, LÖWE, SCHÜTZE sind das strahlende und energiespendende Lebensprinzip, das sich sowohl in Begeisterungsfähigkeit, Spontaneität und Liebe wie auch in Kampfbereitschaft und Ich-Zentrierung manifestieren kann.
- Die Wasserzeichen	KREBS, SKORPION, FISCHE symbolisieren das sanfte, heilende oder das «kühle» Prinzip, mit der Fähigkeit zur Empfindsamkeit oder Gefühlsäusserung.
- Die Erdzeichen	STIER, JUNGFRAU, STEINBOCK lassen eine grosse Verbundenheit mit der Welt der physischen Formen erkennen und besitzen die praktische Fähigkeit, sich die materielle Welt zunutze zu machen.

Die Zuordnung zu den vier Elementen eignet sich besonders gut für ein Verständnis über die wesentliche Eigenart und die psychologische Grundveranlagung eines Menschen und zeigt die meist unbewussten Verhaltensweisen der Persönlichkeit auf.

Das Sonnenzeichen-Element

enthüllt auch, «woher man kommt». Mit anderen Worten, es deckt auf, wo unser Bewusstsein seine Wurzeln hat, auf welchen Erfahrungsbereich man am besten eingestimmt ist, und von welcher Energieart ein Mensch seine Kraft bezieht. Denn jedes Leben ist mit dem vorhergehenden Leben organisch verbunden und dadurch kann auch die Eigenart unserer Sonne nur ein «nächstmöglicher» Schritt in unserer Entwicklung darstellen.

Die Luftzeichen	leben vor allem in den abstrakten Bereichen ihrer Gedanken, und ein Gedanke ist für sie genauso wirklich wie jedes materielle Objekt.
Die Wasserzeichen	sind gerne in ihren Gefühlen verankert, und es ist ihr emotionaler Zustand, der ihr Verhalten viel mehr als alles andere bestimmt.
Die Feuerzeichen	sind oft in einem Zustand von feurig erregter, inspirierter Aktivität, und die Aufrechterhaltung dieses Lebensstils ist für ihr Gesund- und Glücklichsein, von entscheidender Bedeutung.

Die Erdzeichen möchten in der materiellen Welt verwurzelt sein. Das Leben und ihre Belange des Überlebens, wie auch die kreative Auseinandersetzung mit den «fassbaren» Werten der Erde, werden von ihnen als die wichtigsten Aspekte des Lebens angesehen.

Das Element des Mondes

stellt eine in der Vergangenheit erworbene Prägung dar, die sich völlig unwillkürlich manifestiert. Es ist eine meist unbewusste Gefühls- und Lebenseinstellung, die man kennen sollte, wenn man sich innerlich sicher und wohl fühlen möchte. Denn der Mond verbirgt jene «Form» der Selbstverwirklichung, die einem tiefen inneren Bedürfnis entspricht. Das Element des Mondes zeigt auch, wie man auf Erfahrungen instinktiv reagiert und auf welche Art man sich dem Leben anpasst.

Der Mond in den Luftzeichen
muss seine Gedanken anderen mitteilen können, um sich gut zu fühlen und inneren Frieden und Ruhe zu erreichen. Er reagiert auch immer als erstes mit dem Denken und handelt dann, entsprechend der Beurteilung einer Situation.

Der Mond in den Wasserzeichen
weist auf eine Reaktionsweise hin, die von intensiven Gefühlen bestimmt wird. Dies bewirkt oft auch eine Furchtsamkeit oder kann sich als Neigung zur Verletzlichkeit manifestieren.

Der Mond in den Feuerzeichen

findet sich im Horoskop eines Menschen, der auf jeden Wechsel mit Enthusiasmus und mit unmittelbarem Handeln reagiert, er neigt dazu, sich immer wieder ohne Überlegung in etwas hineinzustürzen.

Der Mond in den Erdzeichen

lässt jenen Menschen erkennen, der auf eine eher sachliche Art und Weise der Welt begegnet. Die Ausnahme bildet hier der Jungfrau-Mond, der auf jeden Reiz stark und oft verunsichert reagiert, und es fällt ihm schwer, mit sich selbst zufrieden zu sein.

Man kann eine Menge über einen Menschen erfahren, wenn man einfach die Elementenverteilung in seinem Horoskop anschaut. Es ist nicht ungewöhnlich, dass man auf diese Weise sehr schnell ein grundsätzliches Lebensproblem herauskristallisieren kann, das einen Menschen sein ganzes Leben lang - bewusst oder unbewusst - begleitet.

Die Astrologie kann uns zu einem Verstehen des Lebens führen, ein Verstehen für die universellen Prinzipien des Lebens vermitteln. Denn die Astrologie gibt uns die Möglichkeit, dass wir den Sinn und die Bedeutung eines scheinbar noch so chaotischen Lebens entdecken und begreifen können.

Auf diese Weise gibt uns die Astrologie auch als «Präventiv-Medizin» die Möglichkeit, unsere inneren, oft voneinander so verschiedenen «Konstellationen» zu erkennen, bevor die damit verbundene «Problematik» sich in unserem Leben durch den Körper manifestiert, sich als ein immer unbeweglicheres Verhaltensmuster verfestigt oder zu einer neurotischen Verhaltensweise führt.

DIE ZWÖLF ZEICHEN – DIE ZWÖLF SYMBOLE DER ENTFALTUNG

Die Botschaft eines Zeichens und die Energien, die durch die Planeten fliessen, zu erkennen ist eine grosse Hilfe, um dadurch sowohl sich selbst wie auch sein Lebensziel besser zu verstehen.

Denn jedes Zeichen
trägt eine bestimmte Aufgabenthematik in sich,
und es gibt keine guten oder schlechten,
leichten oder schweren Zeichen,
sondern jedes ermöglicht durch seine ganz spezielle Art
nur das, wodurch eine Brücke
- die Vergangenheit und Zukunft verbindet -,
gebaut werden kann.

Auf diese Weise lernen wir von Leben zu Leben eine spezielle Zeichenthematik und ihre prägende Wirkung auch zurückzulassen, um eine andere in uns, in unseren Gewohnheiten zu integrieren. Jedes Leben ermöglicht uns dem zu begegnen, was uns weiter, in eine nächste Erfahrung hineinwachsen lässt.

Auf diese Weise rufen die Zyklen der Evolution sowohl die Wiederholungen hervor, um die einzelnen Zeichenqualitäten auf eine neue Art zu erleben, wie auch die Mühen mit einem für uns noch unbekannten Zeichen.

Doch die Mühe mit schwierigen Lernaufgaben in einem Leben bedeutet noch lange nicht, dass wir, vielleicht in einer anderen Zeichenqualität, nicht schon weit fortgeschritten sind.

Die zwölf grossen Stationen des Lernens begegnen uns auch in einer kleineren Spirale, allmonatlich, Jahr für Jahr. Darum, wenn wir die verborgenen Themen der Zeichen bewusst auch zu den einzelnen Monaten zuordnen, werden wir manches auf eine neue Art verstehen. Meistens sind es doch dieselben Monate, in welchen wir uns wohl, oder in welchen wir uns eher unwohl fühlen.

Das Widderzeichen

Widder ist das Zeichen des Beginns, der Schritt der Seele zur Inkarnation, ein neuer Anfang in einem ständig wiederkehrenden Erfahrungs-Kreislauf. Es ist jenes Tierkreiszeichen, durch welches die Energien im grossen Schöpfungsprozess ihren Ausdruck finden. Somit symbolisiert der Widder auch jene Tätigkeiten und Zustände, die aus der Bereitschaft der Seele zur Inkarnation strömen und durch die Materie wirken.

Denn der primäre Willensimpuls des Seins
ist mit den Widderenergien verbunden,
als ein «geistiger» Impuls,
der sich in eine sichtbare «Form» gekleidet hat.

Es gibt drei Leitmotive des Zeichens Widder, die alle denselben Gedanken vermitteln:

- Den Willen zum Sein zum Ausdruck zu bringen.
- Lebenskraft und Mut entwickeln.
- Ziele durch angestrengtes Bemühen erreichen.

Die Willensimpulse im Widder werden durch die Energien von MARS VI. Strahl «Idealismus und Hingabe» ausgedrückt. Mars ist in diesem Zeichen jener Planet, der die Entfaltung der Persönlichkeit unterstützt.

Im Zeichen Widder und durch den Planeten Mars ist der Pulsschlag des Lebens zu spüren. Aus welcher Ebene diese Energie auch strömt, sie manifestiert die Kraft des Pioniers. Daher kann ein von Widder-Energien geprägter Mensch ruhelos, leicht gereizt, nervös und oft auch etwas neurotisch sein. Er ist auch wagemutig, denn eine innere Notwendigkeit treibt ihn voran, auch wenn er sich insgeheim zurück in die Sicherheit sehnt.

Der impulsive Widder, der oft mit ungestümer Kraft einfach hineingeht und tut, symbolisiert einen wichtigen Lernprozess. Nämlich lernen mit der «Materie» umzugehen, lernen mit einer materiellen Hülle zu leben, lernen die Materie zu seinem Untertan werden zu lassen. Denn die Seele muss lernen, sich durch eine Form auszudrücken.

Er setzt all seine Fähigkeiten und Energien ein, um dadurch seine Persönlichkeit zu stärken. Denn seine emotionale Labilität, seine Sehnsüchte und Empfindlichkeiten, die er unter seiner grossen Selbstdurchsetzungs-Kraft verbirgt, zeugen nicht von einer echten Selbstsicherheit. Er braucht Liebe, denn im Grunde genommen fühlt er sich allein. Andererseits fürchtet er die «Gefangenschaft», die jede Dauerbindung mit sich bringen kann.

In seiner anfänglichen Entwicklungsphase sieht sich der Widder der Welt wie «gegenüber» und lernt durch seine physischen und emotionalen Siege und Niederlagen. Die Wünsche und das Verlangen der Persönlichkeit sind meistens durch den Instinkt gesteuert und die drängende, manchmal auch dickköpfige Art seines Handelns, sind deutliche Zeichen, dass hier Mars durch den 6. Strahl das Leben beeinflusst.

Die Kraftentwicklung, der Impuls zur Kampfbereitschaft, kann auch mit einem grossen, oder sogar mit einem «heiligen» Idealismus verbunden sein.

Er kann sich mit viel «Feuer» und Enthusiasmus
für oder gegen etwas einsetzen.

Denn kämpfen kann der Widder, und wofür er kämpft, was seine Ideale sind, entspricht seinen höchsten Werten. Die stärkste Manifestation dieser Energien ist der Fanatismus in all seinen Formen.

Somit ist auch für die jeweiligen Krisen des «Schlachtfeldes» der Mars zuständig, der bei der Entfaltung und Festigung der Persönlichkeit im Widder die Fähigkeit zum Idealismus vermittelt, und

durch Kampf, Streit, Krieg,
Anstrengungen und Zerstörung
zur Evolution führt.

Wird die Verbindung der Persönlichkeit zur Seele stärker, kämpft der Widder Mars nicht mehr nur um sein eigenes Wohlbefinden, sondern auch um das Wohl anderer. In seinem Bestreben, jede Art von Opposition zu besiegen, wird nun nicht mehr ausschliesslich der Mars als einziges Mittel angesehen, sondern mehr und mehr wird das Denken - Merkur -, zur Veränderung einer unharmonischen Situation eingesetzt. Anstelle der instinktiven Kampfbereitschaft zur Korrektur von Ungerechtigkeiten, wird für ein hohes Ideal auch Opferbereitschaft gezeigt. So fürchtet z.B. ein echter Soldat den Tod nicht, wenn er dadurch seine Heimat schützen kann.

In den feinstofflichen Bereichen ist es MERKUR der im Widder die Energien des IV. Strahles «Harmonie durch Konflikt» hineinströmen lässt. Wenn das Bewusstsein einer entfalteten Persönlichkeit sich für diese Energien öffnet, wird der Mensch weiter auf dem «Rad des Lebens» geführt und befähigt, durch Kampf eine neue Form von Harmonie zu erreichen. Denn Merkur erleuchtet das Denken, und auf diese

Weise vermittelt er zwischen Seele und Persönlichkeit als ein «Bote der Götter».

Die merkurische Ebene bewirkt
die Krisen der Geburt.

Denn durch den Einfluss der Seele entsteht als erstes ein unvermeidlicher «Streit» zwischen den Gegensatzpaaren, und die Gegensatzpaare sind die Persönlichkeit und die Seele. Wenn durch die entfaltete Bereitschaft die Impulse der Seele in das Bewusstsein hineinfliessen können, entsteht die Konfrontation mit dem, was für das «ICH» bis anhin Gewohnheit war, worauf es sich stützte, was ihm bis jetzt als «Wahrheit» galt. Aber jemand, der lange Zeiten durch gewohnt war «zurückzuschlagen» und instinktiv zu reagieren, kann nicht von heute auf morgen ein Problem durch Verständnis und Gespräche lösen. Wir brauchen viel Zeit und viele Gelegenheiten, um eine Reaktion oder Verhaltensweise, wie die Einstellung von «Aug um Aug - Zahn um Zahn», abzulegen.

Durch unzählige Leben lernen und üben wir die Persönlichkeit aufzubauen und zu entfalten, und all diese Leben sind die Zeiten des Kampfes. Wir erleben Schmerz und Enttäuschung, Freude oder Leid, Entbehrung und Verlust. So führen uns die Prozesse der Entfaltung durch die Leidenschaften des materiellen und persönlichen Lebens, durch Siege und Niederlagen.

Wenn die Seelenverbindung erlangt wird,
wirkt der bewusste Wille (Mars),
der schon in ständigem Kontakt mit der Ebene
der Intuition (Merkur) ist,
transformierend auf alle Ich-Bedürfnisse
und auf alle Macht-Themen der Persönlichkeit.

Auch mit Merkurs Hilfe wird der Widder-betonte Mensch kein Theoretiker werden, denn er ist eher ein «Erbauer» als ein «Denker», er muss die Bewegungen des Lebens spüren. Aber wenn Merkur von der Ebene der Seele aus seinen Einfluss verstärken kann, wird in ihm eine neue Form der Kreativität erwachen. Im Zeichen Widder hat Merkur die Fähigkeit Verbindungen zwischen oppositionellen Kräften herzustellen, und anderen Mut zu vermitteln. Seine Formulierungen werden dann nicht mit überlieferten «Wahrheiten» verbunden, sondern eher intuitiv und den jeweiligen Bedürfnissen entsprechend formuliert sein.

Eine auf der Intuition basierende Denkform ist jene «Waffe», die die höchste Entfaltung des Widders ist. Denn Widder ist ein feuriger Kanal für den Ausdruck des Merkurs, für einen spirituellen Impuls, der in der Materie Form annehmen möchte.

Durch das Widder-Zeichen kann immer jene neue Zeit beginnen, in welcher die Seele ihre Manifestations-Art in einem Leben ändert.

Der Saatgedanke in den Zeiten des Persönlichkeitsaufbaus:

«Es werde die Form, die Materie begehrt».

Der Saatgedanke in den Zeiten der Seelenentfaltung lautet:

«Ich trete hervor und von der Ebene
des Denkens herrsche ich».

Das Stierzeichen

Der Stier wird als das Zeichen betrachtet, das die stärkste Lebensantriebskraft vermittelt, denn Stier ist das Symbol des Wünschens in all seinen Phasen. Ob der unbewusst lebende Mensch sich von seinen Wünschen, oder der «Suchende» sich durch sein geistiges Streben leiten lässt, alle reagieren im Grunde genommen auf denselben Wunschimpuls.

Wenn aber die Bereitschaft, sich mit den Möglichkeiten dieses Leben zu verbinden, nicht vorhanden ist, wenn für dieses Leben und dessen Lernaufgaben - auch nur unbewusst - jemand nicht JA sagen kann, können auch die Energien, die dieses Leben unterstützen möchten, nicht durch den physischen Organismus strömen.

Begriffe wie: Wille, Macht, Wünsche, geistiges Streben, Ehrgeiz, Absicht, Impuls, Antrieb, gehören alle zum Stier und lassen jene Strukturen entstehen, durch welche

der Wille zum Leben oder der Wille zum Sein

zum Ausdruck kommen kann. Denn

Wünsche, Wandlung, Wille

sind drei Symbole für den «Weg», welche die Erfahrungsschritte eines Stiergeprägten Menschen beschreiben. Denn die unausweichlichen Wirkungen, wenn ein Leben nur für die Befriedigung der Wünsche geopfert wird, lehrte schon Buddha. Auch Christus vermittelte die Wichtigkeit der Umwandlung von den Bedürfnissen der Wunschnatur und die

Wichtigkeit jener Bereitschaft, die den «höheren» Willen zulassen kann.

In unserer Zeit, im beginnenden Wassermann-Zeitalter, suchen wir alle ein neues Verständnis zu dem, das wir den «Göttlichen Willen» nennen. Man möchte keine blinde Ergebung mehr für eine unerforschliche und mächtige «Vorsehung» praktizieren, sondern sucht die Möglichkeit für eine verständnisvolle «Mitarbeit» bei der Verwirklichung eines Lebens. Das bedeutet aber, dass wir in einer Zeit leben, welche die Selbstverwirklichung, die Entfaltung eines individuellen Willens ermöglicht und unterstützt, das dies aber sowohl erwünschte wie auch unerwünschte Wirkungen hervorbringen kann.

Der Wille «Selbst zu sein»,
bewirkt die Stärkung der Begierden genauso,
wie auch die zielorientierten Behauptungen und Lehren,
die sowohl unnötige Ängste wie auch Kriege verursachen.

All das wiederum bewirkt Leiden, Entbehrung und Not, das aber gleichzeitig ein Wegweiser für die Umkehr sein kann, zur Umorientierung, sowohl bei Völkern, wie bei den einzelnen Menschen.

Je stärker das Wassermannzeitalter auf unserem Planeten in Erscheinung treten wird, um so intensiver wird für die Menschheit der Einfluss eines Höheren Willens erlebbar werden, der seinem eigenen Willen Grenzen setzen kann. Und wenn wir in diesem höheren Willen nicht nur ein unverständliches Schicksal, sondern die Schritte der Evolution erkennen, verstehen wir auch, dass jede Veränderung ein Wachstum ermöglicht, ähnlich wie die Natur durch die Zyklen der Jahreszeiten, deren Abfolge wir auch nicht aufhalten können, nur weil wir den Sommer noch nicht loslassen möchten.

Das Stierzeichen hat in unserer Zeit eine besondere Wirkungskraft und beeinflusst stark all das, was jetzt in der Welt geschieht:

- Es lässt in bestimmten Völkern, Rassen und Menschen den Eigenwillen oder den Willen zur Macht aufwallen. Diese Reaktion bewirkt ein Vorwärtsdrängen des materialistischen Lebens, Denkens und Wünschens.
- Genauso stimuliert er auch das Verstehen für die Zusammengehörigkeit allen Lebens und ermöglicht dadurch die Vision für neue Werte, trotz unmittelbaren Schwierigkeiten.

Die Stierqualität vermittelt die «Werkzeuge»,
entweder
für eine aufbauende Lebensweise
oder
für die Zerstörung.

Sie kann sowohl Ketten wie auch Fesseln schmieden, oder erschafft den Schlüssel für das Mysterium des Lebens, jene Kraft, die Wandlungen und Erkenntnisse herbeiführen kann.

Der Stier verwaltet die Fähigkeit des Willens,
der entweder zur Erkenntnis
oder zur Selbstsucht und zum Egoismus führt.

Der Stier ist ein Initiator, denn er treibt den Willen an, wodurch Bewegung entsteht.

Im Zeichen Stier ist der Planet VENUS V. Strahl «Konkretes Wissen oder Wissenschaft», der die Persönlichkeitsentfaltung begleitet. Denn unsere unbewussten Reaktionen sind eng mit dem verbunden, was uns gefällt, was wir zulassen, annehmen und wertvoll finden können, ob es Menschen, Situationen oder «Wahrheiten» sind.

Durch lange Zeiten versuchen wir eine Verschmelzung, die Einswerdung mit dem, was uns lieb und wertvoll erscheint, vor allem durch den physischen Körper zu erlangen. Dies manifestiert den Wunsch nach Einheit, die Suche nach der Vereinigung jener inneren Dualität, deren äusseres Symbol die Polarität der Geschlechter ist.

Viele Leben lang haben wir Mühe mit unserer eigenen inneren Zweiheit und vor allem mit jenem - maskulinen oder femininen - Anteil, den wir in uns nicht so ohne weiteres akzeptieren können, und daher von «aussen» zu erhalten suchen. Auf diese Weise wirkt das Verlangen nach dem «Gegensatz», das wechselseitige Kräftespiel der Gegensätze, als Grundlage für den ganzen Schöpfungs- und Evolutionsprozess.

Venus
als Symbol des Wünschens
manifestiert den primären Lebensimpuls,

jene Kraft, die nicht nur die Pflanzen nach dem Licht wachsen lässt, sondern sowohl Tiere wie Menschen durch ihr Wunschnaturell, das nach Erfüllung verlangt und dadurch das Leben ermöglicht.

Und unsere Wünsche wachsen und wachsen, immer mehr Menschen und Gruppen entstehen, die noch egoistischer, noch selbstsüchtiger, noch nationalistischer und noch radikaler in ihren Traditions- und Glaubensstrukturen sind. Aber genauso wächst die Zahl der Menschen, die zu Erkenntnissen bereit sind und dadurch Botschafter von neuen Qualitäten werden.

Denn das, was in uns ist, wird verstärkt,
und damit werten wir das,
was uns berührt.

Alle Menschen werden durch denselben «Strom der Liebe» durch das Schicksal «erweckt», und unsere eigene Interpretation ist es, die in einer Erfahrung Gott oder den Teufel sehen lässt.

Unsere eigene Substanz ist es,
die das uns berührende «Licht» spaltet,
und ihm eine ganz bestimmte Farbe verleiht.

Besonders in unseren Tagen, an der Schwelle einer neuen Zeit, erfährt das, was in uns ist, eine Verstärkung durch jene Erlebnisse, die wir durch unsere Eigenart anziehen. Das Leben verlangt immer wieder Mut für Entscheidungen. Darum ist keine Entscheidung eine falsche Entscheidung, keine Richtung, die wir bereit sind zu gehen, eine schlechte Richtung, sondern immer nur ein nächstmöglicher Schritt. Das Leben zeigt uns dann schon, ob wir mit unseren Schritten lernen sollten, eher den Himmel oder mehr die Erde etwas besser zu verstehen.

Doch meistens müssen wir als erstes das eigene Begehren für das gesteckte Ziel soweit steigern, dass es jene Ebene erreicht, wo es verändert werden kann. Denn jeder Mensch muss eine Zeit der Dunkelheit erleben, eine «Strasse», die nicht mehr weiterführt, eine Zeit des «Nicht-mehr-weiter-Wissens» erfahren, bevor die Erkenntnisse das Neue zulassen können.

Die Transformation durch Venus
lässt unsere Wahrheit neu verstehen.

In den alten Weisheitslehren steht, dass der Planet Venus für die Erde das ist, was für die Persönlichkeit das höhere Selbst. Das heisst, dass ein höheres Wissen, eine höhere Qualität des Seins, die Erde durch den Planet Venus berühren kann.

Darum ist durch Venus der Stier in einer viel engeren Beziehung zur Erde und zur Materie als irgendein anderes Zeichen. Im Stier wird eine intensive Lebens- und Erlebensphase, eine Kraft «die Nützliches schaffen kann» aktiviert. Denn Begehren ist eine Kraft, die mit der Materie verbunden ist. Daher auch seine Fähigkeit zur Entschlossenheit, zum standhaften Eigensinn und zu einer starren Zweckgerichtetheit, die den Stierbetonten Menschen so stark prägt.

Mit dieser Grundlage wird es verständlich, dass ein Mensch mit einer starken Stierbetonung eine Ablehnung gegenüber allem Neuem in sich tragen kann, und dadurch sein «Wachstum» mit den Thema des Loslassens verbunden sein wird.

Der Planet VULKAN 1. Strahl «Wille und Macht» beeinflusst die feinstofflichen Ebenen im Zeichen Stier.

Die Energien Vulkans
vermitteln jene grosse Kraft und Stärke,
die die Weltevolution in Gang bringt,

die Energien des 1. Strahles, jene Kraft, die einleitet, die etwas beginnen lässt, aber auch zerstört. Er bringt immer wieder den Tod für die «Form», damit die Seele frei werden kann.

Er leitet Erfahrungen ein,
durch welche der «kleine» menschliche Wille,
sich mit dem grossen Willen des Geistes
vereinen kann.

Dieser Weg ist dann für die nach Harmonie und Verschmelzung sehnende «Venus» die Möglichkeit, sich in eine Venus des Denkens zu verwandeln. Durch eine spirituelle Evolution kann eine planende, schöpferische, vorwärts strebende Kraft entstehen, in welcher sowohl der individuelle als auch der göttliche Wille verschmelzen können.

Die Energien Vulkans können auch Menschengruppen in einem bestimmten Wachstumstadium beherrschen, der dann die Werkzeuge des Krieges schmieden lässt, wenn Konflikt und Krieg die einzigen Mittel sind, durch welche Fortschritt erreicht werden kann.

Die Energien Vulkans berühren uns, wenn die Seelenverbindung aktiviert wird, wenn all das in uns hineinströmen kann, was Wandlung und Wachstum ermöglicht. Denn der Mensch ist der Vermittler zwischen Höhen und Tiefen, er ist der Makrokosmos für den «unter ihm» liegenden Mikrokosmos, indem er die Energien lenkt, die gleichsam zerstören wie auch aufbauen können.

Venus weist den Weg zu Vulkan,
durch eine bewusste Verantwortlichkeit,
für ein neuerwachtes Wissen.

Aus diesem Grunde erfolgen die Prüfungen Vulkans durch den Stier, der das Begehren regelt und die Wesensäusserungen in den Tiefen formt. Darum ist die Aufgabe des Stier-geprägten Menschen auch nicht leicht. Er ist intelligent und strebsam, kann aber gleichzeitig eigensinnig und starr sein, so dass sein «Dickkopf» zum Bumerang wird. Das Temperament, das so bezeichnend für den Stier ist, ist jene Willensenergie, mit welchem sowohl Mauern wie Wege erbaut werden können.

Im Stier lernt der suchende Mensch,

Wissen in Weisheit zu verwandeln

und egoistisches Verlangen durch geistiges Streben abzulösen, bis auch das weicht, und durch die Bejahung des Willens der Weg zur «intelligenten» Aktivität führt.

Durch die evolutionäre Entwicklung wird ein Stier-geprägter Mensch eine

aufbauende, planende, schöpferische,
vorwärtsstrebende Kraft.

Der Wille des kleinen Ichs,
verbindet den Menschen mit der Form,
der Wille Gottes,
die Seele mit dem Geist.

Der Saatgedanke in den Zeiten des Persönlichkeitsaufbaus:
«Der Kampf sei unerschrocken.»

Der Saatgedanke in den Zeiten der Seelenentfaltung lautet:
«Ich sehe, und wenn das Auge geöffnet ist,
ist alles erleuchtet.»

Das Zwillingezeichen ♊

Im Zeichen der Zwillinge, auf dem veränderlichen Kreuz, leistet Merkur einen wesentlichen Beitrag, damit die Wichtigkeit einer Veränderung erkannt wird. Dadurch werden auch jene Zustände und Erfahrungen ermöglicht, welche die grossen Wandlungen im Leben eines Menschen hervorrufen.

Hier finden wir den Kampf der Zweiheit,

deren Grundlage die MERKUR-Energien sind. Ein durch die Zwillinge geprägter Mensch steht immer «irgend etwas» gegenüber und dieser Kampf der Zweiheit kann sowohl in ihm selbst oder mit einem Gegenüber erfahren werden. Wenn dann ein Kampf zu einer Erkenntnis geführt hat, kommt eine nächste Konfrontation auf einer neuen Ebene.

Anziehung und Abstossung sind bestimmende Faktoren in unserem Leben, und der Einfluss dieser wechselseitigen Energien wird durch das Zeichen der Zwillinge besonders stark erlebt. Denn dieses Zeichen symbolisiert

das wachsende und das schwindende Licht.

Eine Gemeinsamkeit zwischen dem Licht der Seele und dem Licht der Persönlichkeit, welche die Seelenerfahrungen durch die Inkarnationen kennzeichnet. Jeder Aufstieg oder Fall, jegliches Wachstum oder Entfaltung für den einzelnen, wie für eine ganze Epoche, entsteht durch die Wechselwirkung der Gegensätze, oder mit anderen Worten, durch die gegenseitige Beeinflussung von Geist und Materie.

Auch in jenen alten Zeiten - im Zeitalter der Zwillinge (vor ca. 6000 - 8000 J.) - als die Energien dieses Zeichens die Geschehnisse auf dieser Erde stark beeinflussten, entstand eine Epoche, die einen wichtigen Entwicklungsschub für die Menschheit bedeutete und für die Weiterentwicklung genauso richtungsweisend war, wie die vergangenen 2000 Jahre des Fischezeitalters.

In den Zwillingen wird zunehmend die Dualität erkannt, und diese Erfahrungen führen zu jener Bereitschaft, die es ermöglicht, vieles in Frage zu stellen. Die Zwillingequalität lehrt jene Beweglichkeit, dass man nicht bei einer Anschauung, einer Gewohnheit, einer Ansicht oder an einem Ort bleiben muss, sondern dass

Wachstum nur durch Beweglichkeit
und durch die Bereitschaft zur Wandlung
möglich ist.

Zum Zeichen der Zwillinge gehört die Ruhelosigkeit des Denkens. Wissbegier, Neugierde, die Fähigkeit der Feinfühligkeit wie auch ein gutes Reaktionsvermögen sind wichtige Merkmale dieses Zeichens, das nicht nur die Neigung zur Unruhe und Unsicherheit, sondern auch die Wandlungsfähigkeit und Zielstrebigkeit vermittelt.

Das Wesen der Zwillingeeinflüsse wird auffallend bestätigt, wenn man den Sinngehalt der Freimaurerei studiert. Diese weltweite Institution veränderte ihre Wirkungsart durch die Jahrtausende ihres Bestehens ständig, aber der uralte Sinngehalt von

der ewig strömenden kosmischen Liebe,
welche durch die zwei Säulen des Herkules
Himmel und Erde verbindet

bleibt ewig erhalten.

Das Aufzeigen der GEGENSÄTZE, die zwischen SEELE und KÖRPER, SEELE und PERSÖNLICHKEIT bestehen, sind die Hauptthemen des Zwillingeeinflusses, die auch als zwei Brüder gesehen werden. Wobei ein Bruder die Persönlichkeit und der andere die Seele symbolisiert.

Die Zwillinge repräsentieren symbolisch auch den Ätherleib, und der Ätherleib ist nicht nur der «Bewahrer» der Energien, er ist auch ein Vermittler zwischen Seele und Körper, zwischen den beiden miteinander verbundenen «Brüdern», die sich in den zwei Säulen dieses Zeichen symbolisieren.

Die Zwillinge beherrschen die Arme und Hände und weisen damit darauf hin, dass die beiden «Brüder» einander brauchen und sich gegenseitig Hilfe leisten müssen, um die trennende Beziehung aufzulösen. Sie symbolisieren den Weg der Wandlung und leiten eine Reihe von Anfängen ein, um einander entgegengesetzte Kräfte zu verbinden. So leiten sie als erstes auch die Konflikte ein, die aber schliesslich zum Gleichgewicht führen. Zwillinge beherrschen auch das Nervensystem und die Reaktionen des gesamten Nervensystems.

Somit liegt das Geheimnis dieses Zeichens
in den Reaktionen, die zwischen den beiden Brüdern,
zwischen den beiden Polen,
zwischen dem sterblichen Selbst der Persönlichkeit
und dem unsterblichen Selbst der Seele liegen.

MERKUR als der Planet des IV. Strahles «Harmonie durch Konflikt» ist der Vermittler, der die Botschaften zwischen den zwei «Polen» hin und her trägt.

Merkur symbolisiert auf der Persönlichkeitsebene die Beweglichkeit und Wendigkeit des Denkens, die damit gleichzeitig die grösste Schwierigkeitsthematik dieses Zeichens darstellt. Lebhafte Zustände von Spannungen durch Aktion und Reaktion führen die Persönlichkeit in manche Kämpfe und Schwierigkeiten hinein.

Merkur als der Götterbote ist zuständig für die Möglichkeiten der Konfrontation und für die Erkenntnisse, die eine Konfrontation bewirken kann. Denn jene Zeiten, die neue Gedanken zulassen - und damit die In-Frage-Stellung alter Werte - bewirken die Dualität der Gedanken, die gleichzeitig auch eine vorübergehende Instabilität der Persönlichkeit hervorruft. Eine Dualität, welche althergebrachte Denkwerte, neuen Denkweisen gegenüberstellt und dadurch in manchen Lebensbereichen den Reformer entstehen lässt.

Die Polarität der Gedanken
ist auch der Grundimpuls für jeden Forscher,
weil er durch seine analytische Denkfähigkeit
und Vorstellungskraft,
seinen eigenen Gedanken gegenüberstehen kann.

Merkurische Prozesse oder Erfahrungen für die Fähigkeit, alte Wahrheiten immer wieder in neue Denkformen zu kleiden, sind eine wichtige Schulung für jene Denkfähigkeit, welche die Botschaften zwischen Seele und Persönlichkeit vermitteln möchte. Merkur unterstützt die Reifung der Persönlichkeit durch das Aufzeigen der Polarität.

Merkur lehrt auch die Notwendigkeit des Erwachens
für die Verantwortlichkeit
bei den verwendeten «Massstäben»

Denn Merkur bringt verschiedene Aspekte der Denkfähigkeit zum Ausdruck. Er unterstützt sowohl die Fähigkeit für das konkrete Denkvermögen, das die erhaltenen Gedanken konkret wiedergeben kann wie auch das analytisches Denken, dessen Bedürfnis es ist, das Überlieferte in Frage zu stellen, um es neu zu verstehen.

Aber erst durch die Synthese, durch die Verbindung der Dualität, kann Merkur als abstraktes Denkvermögen, «als Götterbote» zwischen Seele und Persönlichkeit vermitteln. Darum wird dieses Zeichen auch als

«das Sternbild der Auflösung der Dualität,
in eine bewegliche Einheit»

genannt. Indem es das Kräftespiel der Gegensätze im Gang hält, ermöglicht es den Weg, der zur Einheit führt, die Verschmelzung der polaren Gegensätze durch die Veränderung des Bewusstseins.

Vom Blickpunkt der menschlichen Vernunft bleiben die Gegenpole ewig bestehen. Erst durch die Bereitschaft, sie als einander gegenüberstehende und sich gegenseitig beeinflussende Wirkkräfte zu erkennen, lässt das Freisein für die Eigenverantwortlichkeit entstehen.

Auf der Seelenebene begleiten die Energien der VENUS dieses Zeichen. Somit führt der Weg der Entfaltung durch die Erfahrungsmöglichkeiten des IV. Strahles - «Harmonie durch

Konflikt» (Merkur), zum V. Strahl - «Konkretes Wissen oder Wissenschaft» (Venus).

Venus ist das Symbol für das Verbindende
zwischen den Gegensatzpaaren,

wurde aber lange Zeiten durch nur als jenes Symbol gedeutet, das die physischen Verbindungen verknüpft. Sie wird irrtümlicherweise meistens nur mit dem Geschlecht und dem Geschlechtsleben, mit der Beziehung der physischen Gegenpole in Verbindung gebracht.

Venus im Stier stimuliert das Verlangen,
in den Zwillingen aber erweckt Venus
das Gefühl der Dualität.
Ein Erkennen der Dualität
ist der grundlegende Faktor im Konflikt
zwischen persönlichem Verlangen
und geistigem Willen.

Durch das Zeichen Zwillinge möchten die Energien von Venus die Gedanken nicht nur auf eine Ebene des Verstehens führen, sondern auch in einen vorhandenen intellektuellen Denkkomplex neues, verwandelndes Wissen einströmen lassen. Denn Venus begleitet durch die Zwillinge jene Gedanken, die auf eine immer neue Art die Verbindung zu den geistigen Realitäten suchen.

Die verbindenden Energien der Venus
helfen Brücken schlagen und Wege finden.

Beständige Aktivität, unaufhörliche Bewegung, nie endende, stets wechselnde Zustände begleiten die Erfahrungen durch dieses Zeichen. Auf diese Weise wird der wandelbare und unbeständige Mensch zielbewusst, und lernt die Neigung zur Unbeständigkeit sowohl zu kontrollieren wie auch zu beherrschen. Der Wille zum Sein, die Willensenergie, wird durch den Konflikt der wechselseitigen Einwirkungen erreicht, und für diese Energien sind sowohl die Energien der Zwillinge wie auch Merkur die ewigen Symbole.

Die Energien der Zwillinge sind die KRAFT,
die die benötigten Veränderungen
für die Evolution hervorbringt
und die HILFE,
die Seele und Form vereint.

Der Saatgedanke in den Zeiten des Persönlichkeitsaufbaus:
«Unbeständigkeit tue ihr Werk.»

Der Saatgedanke in den Zeiten der Seelenentfaltung lautet:
«Ich erkenne mein anderes Selbst und indem dieses
schwindet, erwachse und erglühe ich.»

Das Krebszeichen ♋

In den alten Weisheitslehren ist das Zeichen Krebs das Symbol des Tores, durch welches die Seele in die äussere oder sichtbare Welt kommt, eine «Form» annimmt und sich mit ihr identifiziert.

Das Wort «Form» bedeutet hier jene Hüllen, die nicht nur auf der dichtphysischen, sondern auf allen drei Ebenen des Lebens zu finden sind. Es gibt Formen für die Gedanken, für die Gefühle und für die Verhaltensweisen. In verschiedenen Zeiten, durch verschiedene Gruppen, in unterschiedlichen Gegenden entstehen die uns prägenden Formen, die dann auch unsere Wahrheit und unsere Identifikation werden. Manche mit Krebs Sonne oder Krebs AC Geborenen erleben irgendwann in ihrem Leben die Notwendigkeit für einen Neuanfang. Denn die «mitgebrachten», unbewusst wirkenden Formen kann man in diesem Leben nicht mehr verwirklichen.

Krebs als «Eingangstor» in das Leben
bedeutet oft auch den Anfang für einen neuen Zyklus,
für eine neue Wegstrecke
auf dem Pfad der Entwicklung.

Darum wird eine Inkarnation im Krebs auch als eine Verankerung für einen neuen Entfaltungszyklus gedeutet, in welchem die Seele bemüht ist, ein Zuhause zu finden, ein Ort, an dem er Wurzeln schlagen kann. Aus diesem Grunde ist es für einen Krebsbetonten Menschen wichtig, einen «Punkt» auf der materiellen Ebene zu finden, wo sich seine Seele verankern kann.

So sind Krebsgeborene sehr häuslich veranlagt und haben Mühe, ohne die häusliche Wärme zu sein. Daraus ist nicht nur die Notwendigkeit, für andere sorgen zu können, ersichtlich, sondern vielmehr der Wunsch der Seele, die auf eine neue Art lernt mit der Materie umzugehen und sich in ihr zu verankern.

Er braucht auch das Gefühl der Zusammengehörigkeit, das «Integriert-Sein» in eine Gruppe, in welcher die gleichen Werte die Menschen zusammenhalten und tragen. Im Krebs ist der Wunsch nach Geborgenheit sehr gross, darum ist es wichtig, sich als einen Teil einer Gemeinschaft, einer Nation oder eines Glaubens zu fühlen, in welchem man integriert ist und mitgetragen wird.

Jeder «Neuanfang»
braucht als erstes ein Wurzelschlagen,

ein Gefühl von eingebettet sein in den Werten eines Kollektives. Denn diese Erfahrungen und die damit verbundenen Konflikte lassen langsam ein neues Eigenbewusstsein, eine neue Form der Persönlichkeit entfalten.

Viele Menschen stehen heute auf ihrer Wegstrecke zwischen zwei Bewusstseinszuständen, und gross ist die Zahl derer, die beginnen aus dem Stadium des Massenbewusstseins herauszutreten und eigenbewusst zu werden. Dieser Umstand ist auch der Grund für viele gegenwärtige Schwierigkeiten in der Welt, für den Zusammenprall unterschiedlicher Ideologien.

Die Energien des MONDES beherrschen das Zeichen Krebs. Energien, die mit dem IV. Strahl «Harmonie durch Konflikt» verbunden sind und die Neigung zu Konflikten vermitteln.

Konflikte durch die Erfahrungen mit der Materie, mit unserer Wunschebene.

Das mondhafte Wunschnaturell
dominiert die Empfindungen
und beherrscht den Menschen am längsten
auf seinem Entwicklungsweg.

Wenn aber die Zeit kommt, dass eine Persönlichkeit nicht mehr ausschliesslich durch ihre Gefühle beherrscht wird, wenn Lust und Schmerz nicht mehr ihren Kampfbereich beherrschen, dann wird auch die wachsende Fähigkeit zur Liebe nicht mehr von den emotionalen Reaktionen verdrängt.

Die Seele wird Herr über die «Gewässer».

Denn unsere emotionalen Reaktionen sind das, was uns einkerkert und fesselt. Die Wellen des «Wassers», die sowohl Lust wie auch Schmerz verursachen, beherrschen uns so lange, bis die Bereitschaft entsteht, sie in den Griff zu nehmen. Und wenn die Herrschaft des Wassers gebrochen ist, öffnet sich der Weg, und wir können weitergehen.

Das Mondhafte symbolisiert sowohl Wasser wie Materie,

und durch die Erfahrungen, die ein Erdenleben bietet, lernen wir das Mondhafte in uns neu zu verstehen. Der Krebs als Mondzeichen ist darum auch ein Symbol der Re-Inkarnation, ein Impuls für die Wiederholung einer Erfahrung, um das Wechselwirken zwischen Geist und Materie voranschreiten zu lassen.

Die Energie des Krebses ist wie eine
magnetische Anziehungskraft,
die zu den Inkarnationsprozessen führt,
um die Seelen zu den «Orten der Erfahrungen»
zu begleiten.

Die «Orte der Erfahrungen» sind die Zeiten der Konfrontationen, wenn immer dichtere Materie die Seele umhüllt und das «Licht» und die Richtung nicht mehr sichtbar sind. Die Beeindruckbarkeit der Gefühle leitet Prozesse ein, die Schmerzen, Krisen, Ängste und innere Nöte hervorrufen. Das ist der Weg der Transformation, der Verwurzelung mit dem innersten Wesen, die eine Verankerung im eigenen tieferen «Boden» möglich macht.

Auf diese Art lernen wir
durch die «Dunkelheit» zu gehen,
um durch einen neuen Weg
einem klareren Licht zu begegnen.

Hier liegt auch der Sinn verborgen, warum es wichtig ist, dass wir immer wieder all das vergessen, was wir schon wissen und können, damit wir wieder bereit sind suchend, fragend, torkelnd einen neuen Weg, ein neues Verstehen für das, was «höher» ist, zu finden.

Das Zeichen Krebs wird auch als die Geburtstätte des individuellen Menschen genannt, der durch den Willen seiner Seele einen Weg einschlägt, der ihn aus einem kollektiv-genormten Verhalten hinausführt. Dies ist der Grund, warum Menschen, die durch dieses Zeichen stark geprägt sind, ein Ort, ein Zuhause, ein Fundament auf der materiellen Ebene benötigen, an dem die Seele sich verankern kann. Denn der Krebs ist ein widersprüchliches Zeichen, einerseits braucht er die Geborgenheit des familiären Lebens oder der Gruppe, anderseits aber auch die Freiheit der Individualität.

Auf einer feinstofflicheren Ebene strömen durch den Krebs die Energien NEPTUNS, - VI. Strahl «Idealismus und Hingabe» - der die Empfänglichkeit für ganzheitlichere Eindrükke ermöglicht. Aber lange Zeiten durch erleben wir ihn nur als «Gott der Gewässer», der eine enge Beziehung zum Mond, zur «Mutter aller Formen» hat. Diese Synthese zwischen Form und Wunsch-Empfänglichkeit ist seit den atlantischen Zeiten so tief im Bewusstsein der Menschen verankert, dass sie seine fühlend-empfindende Natur beherrscht. Denn

solange das Mondhafte in uns
Erwartungen und Bedürfnisse symbolisiert,
kann auch Neptun
nur unsere Wünsche widerspiegeln.

Mit dieser fest verankerten Neigung ringt jeder Suchende, denn der Mond (die Form) verhüllt das wahre Wesen Neptuns, und unserer Idealismus und unsere Hingabe wird mit der Richtung unserer Wünsche verbunden. Darum führt der Weg der Erkenntnis uns immer wieder durch jenes Tor, welches uns der Mondebene begegnen lässt.

Wenn eine Seele sich in-karniert,
umhüllt sie sich mit Materie,
identifiziert sich mit der Materie
und vergisst dabei, dass sie eine Seele ist.

Abhängigkeiten und Bedürfnisse werden nicht dadurch verändert, dass man sie verneint und ausschliesst, sondern dadurch, dass man in die Erfahrungen, die der einzige Weg der Transformation ist, hineingeht.

Im Krebs findet eine starke magnetische Wechselwirkung zwischen Form und Seele statt. Es ist auch die Beziehung des 4. Strahles (Mond), mit dem 4. Naturreich (Mensch), die all die Weltkonflikte beeinflusst und die Ursache für Kriege und Konflikte in allen Zeiten ist. Aber sowohl der 4. Strahl (Harmonie durch Konflikt) wie auch der 6. Strahl (Hingabe und Idealismus) bereiten den Weg vor und weisen in die Richtung des 2. Strahles «Liebe und Weisheit».

Das Zeichen Krebs vermittelt einen tiefen Sinn für jede Inkarnation. Die Seele möchte ein «Haus», eine Hülle erbauen, das einmal leuchten soll, das nicht mehr als ein dunkler Ort, als ein Gefängnis wahrgenommen wird, sondern gefüllt ist mit Licht und Wärme, welche auch zu anderen strahlen kann.

Eine schöpferische Kraft wird wirksam,
wenn die kreative Potenz der Materie (Mond)
mit den Impulsen der Seele (Neptun)
sich bewusst verbinden kann.

Denn die Gedanken und Schmerzen des Alleinseins, und die damit verbundenen Gefühle der Isolierung und Trennung, gehören zu den grossen neptunischen Illusionen. Aber auch diese Illusion ist eine Vorbereitung zur Erkenntnis von Einheit und Freiheit.

An diesem evolutionären Punkt angelangt, begegnet jeder Mensch wie erwachend seiner Umgebung, um eine ganz neue Form von Beziehung zu ihr herzustellen.

Von jeder neuerlangten Ebene (Seelenebene)
können neue Aufgaben (Formebene)
übernommen werden.

In Zeit und Raum und über lange Äonen hinweg beherrscht und verbirgt die Form die Seele, bis durch unzählige Erfahrungen die Form ein volkommenes Instrument des Dienstes geworden ist. Von da an wird Gruppendienst erwiesen, anstatt sich nach Gruppenintegration zu sehnen.

Der Saatgedanke in den Zeiten des Persönlichkeitsaufbaus:
«Trennung sei die Regel und dennoch
existiert die Materie.»

Der Saatgedanke in den Zeiten der Seelenentfaltung lautet:
«Ich erbaue ein erleuchtetes Haus,
um darin zu wohnen.»

Das Löwezeichen ♌

Der Löwe ist ein Feuerzeichen und ein wichtiges Symbol in unserer Zeit. Der Grund dafür ist, dass der Löwe das polare Gegenstück zum Zeichen des Wassermanns ist. Durch die Energien der Löwe kann man dem eigenen Ich, durch Wassermann der dazugehörenden Gruppe begegnen.

Die Möglichkeit der Neuwerdung
in den «Zeiten des Wassermanns»,
setzt eine Neuinterpretation des Ichs voraus.

Es gibt zwei Elemente in der Natur, die im allgemeinen mit dem Gedanken der Wandlung verknüpft sind - das eine ist das Wasser, das andere das Feuer. Die Wasserzeichen aktualisieren die Gefühlsthemen, die Feuerzeichen sind mit den Werten des Ichs verbunden und ermöglichen dadurch die Konfrontation zwischen dem eigenen und dem fremden Willen. Denn das Feuer setzt - symbolisch formuliert - das fort, was das Wasser begonnen hat, und so reinigt das Feuer durch das Verbrennen all dessen, was auf dem «Weg» hinderlich geworden ist.

Der «Feuerweg» ist die Schulung des Willens.

Der «Feuerweg» ermöglicht somit als erstes das Integriert-Sein in ein

KOLLEKTIVES BEWUSSTSEIN,

später das Bewusstsein des

ALLEINSTEHENDEN SELBST,

und schliesslich das

GRUPPENBEWUSSTSEIN.

Die Energien des Löwe-Zeichens können eine beherrschende Macht auf einen Menschen ausüben, dessen AC, Sonne oder absteigender Mondknoten in Löwe ist. Der Weg der Bewusstseinsentfaltung ermöglicht als erstes, den Beweggründen seiner eigenen Persönlichkeit zu begegnen, bevor es ihm möglich wird, auch sein «wahres Selbst» und seine Mitmenschen wirklich zu erkennen.

Viele Menschen mit Löwebetonung sind davon überzeugt, dass sie bereits selbstbewusst sind, während sie doch nur von Wünschen beherrscht sind, und nach Befriedigung dieser Wünsche streben, oder sich selbst als Mittelpunkt ihres Universums betrachten. Jedoch der wirklich seiner Selbst bewusste Mensch ist derjenige, der sich seiner Zielsetzung und Lebensplanung bewusst ist. Wird jemand nur von Emotionen und Wünschen angetrieben, so ist das kein Zeichen eines echten Selbst-Bewusstseins.

Es gibt zwei grosse Leitgedanken bei den Löwe-geprägten Menschen:

- Der Wille zu herrschen und zu dominieren, der in diesem Zeichen sehr machtvoll ist, und die Wirkungskraft des Löwetypus aufzeigt. Aber diese Willenskraft führt schliesslich zur Meisterung und Beherrschung der Persönlichkeit, und später zur Fähigkeit der Führung von Gruppen und Organisationen.
- Der Wille zu «erhellen», der den Drang zur Selbsterkenntnis, Selbstwahrnehmung und damit einen bewusst «Suchenden» darstellt.

Im Laufe der Evolution wird also während vieler Zeit-Perioden zuerst eine äussere «Form», das äussere sichtbare Leben vorbereitet, angepasst, harmonisiert und ausgerichtet, damit hinter dieser, sich ständig verändernden äusseren Form das erwachende Bewusstsein wachsen kann.

Das Zeichen Löwe vermittelt Möglichkeiten,
um das Eigen- oder Selbstbewusstsein
neu zu gestalten.

Anfänglich, wenn der Mensch aus einem Kollektiv heraustritt, sieht er sich als ein sich selbst genügendes Einzelwesen. Diese Haltung entwickelt sich dann weiter und wird stärker betont, was immer mehr zu einem ausgesprochen egozentrischen Bewusstsein des selbstsüchtigen und ehrgeizigen Machtstrebens führt, das nach Rang und Stellung verlangt.

In dieser Zeit ist das Verlangen nach materiellen Gütern besonders stark und ein durch das Zeichen Löwe geprägter Mensch geht seinen Weg gerne mit grossen theatralischen Gesten, emotionalem Feuerwerk, mit der Neigung zu Übertreibungen und mit grosser Bereitschaft zum Risiko. Aber all dies, wie auch seine enorme Grosszügigkeit, überdeckt seine tiefe Unsicherheit in zwischenmenschlichen Begegnungen. Er ist darum auch extrem überempfindlich gegenüber allem, was seine Würde und seinen Stolz angreift.

Schliesslich aber kommt die Zeit, in der der Schwerpunkt des Bewusstseins allmählich von den egoistischen Interessen zu den Erfordernissen einer Gruppe verschoben wird.

Die beeinflussende Wirkung in diesem Zeichen
kommt ja auch von unserem strahlendsten Planeten,
von der Sonne selbst.

Denn

das Ziel unseres ganzen Sonnensystems
ist die fortlaufende Entfaltung des Bewusstseins.

Diese Entfaltung kann man auch als die Entwicklung einer immer feinfühligeren Reaktion gegenüber den all uns berührenden Impulsen deuten. Die vier grösseren Stadien der sich verändernden «Empfindungsfähigkeit» sind:

1. EMPFINDLICHKEIT, gegenüber der Umwelt.
2. EMPFINDUNGSFÄHIGKEIT, gegenüber dem Willen und den Wünschen der Persönlichkeit.
3. FEINFÜHLIGKEIT, gegenüber den Impulsen der Seele.
4. SENSITIVITÄT, als Wahrnehmung gegenüber der Umwelt.

Ein bereits individueller Mensch muss als erstes
sein Selbst-Bewusstsein entfalten,
bevor er sich in eine «Selbstlosigkeit» entwickeln kann.

Der Löwe ist das Zeichen der SONNE II. Strahl «Liebe und Weisheit» und durch dieses Sonnenzeichen wird die Ich-Verwirklichung gesucht. Aus diesem Grunde ist das Zeichen Löwe auch das Zeichen der Kreativität und Kreativität heisst erweitern, entfalten und veredeln, was in einem Ich bereits vorhanden ist. So ist der Selbstausdruck ein geeignetes Mittel dafür, um das eigene Selbst zu berühren, zu erfahren, sich durch die Kreativität auszudehnen. Auf diese Weise werden die entstandenen Formen, Töne und Farben zu «Botschaften» einer tieferen Identität.

Ein stärkeres Ich-Bewusstsein aktiviert auch den Willen und Wille und Wissen zusammen ermöglichen die Macht.

Aber in eine Periode des Weiterwachsens
wird die «Abdankung des Löwenhaften» verlangt.

Denn um eine Verbindung zu dem höheren Willen, zu dem Willen der Seele herstellen zu können, muss die eigene Macht, die alleinige Ich-Zuständigkeit, zurückgelassen werden. Das sind die Zeiten, in denen ein Löwebetonter Mensch lernt in Veränderungen hineinzugehen und loszulassen, um seine Potenz, seine Fähigkeiten neu auszurichten. Die Zeiten, in denen ein Löwetypus das sich zurückzunehmen, sich zu verkleinern und zu vermindern übt, verlangen das Äusserste von ihm.

Wenn er sich dann von der Abhängigkeit des materiellen Lebens einmal gelöst hat, wird sein neues Sonnen-Bewusstsein fähig, Hervorragendes zum Ausdruck zu bringen. Er kann sowohl ein aufrüttelnder, dynamischer Führer, ein Pionier auf neuen Gebieten wie auch ein magnetischer Mittelpunkt einer Gruppe werden.

Denn die Gaben der Sonne
begleiten das Erwachen der Seele.

Und ist er einmal spirituell erwacht, so wird er sich den ihn bestimmenden Impulsen auch bewusst, was ihn dazu führen wird, sich selbst immer wieder eine neue «Selbstzucht» aufzuerlegen. Ein Löwe-betonter Mensch muss sich selbst «in die Hände nehmen», denn er verträgt keine Zuchtmassnahmen, die ihm andere vermitteln möchten. Wenn andere einem Löwemenschen etwas aufzwingen wollen, führt das unvermeidlich zu Widerstand und Auflehnung.

Seine Willens-Konfrontation erfährt er durch die Umwelt,
aber mit der Ich-Konfrontation
muss er sich selbst auseinandersetzen.
Denn im Zeichen Löwe findet ein Ich-Kampf statt.
Ich gegen Ich
Die Persönlichkeit gegenüber der Seele.

Die Seele kann ohne die Hilfe der Persönlichkeit weder ihre Erfahrungen absolvieren, noch ihre Ziele verwirklichen. Darum werden in Zeiten der Transformation die Zielsetzungen der Persönlichkeit, nicht aber seine bereits entfalteten Fähigkeiten berührt. Ein Ich zentriertes Löwe-Bewusstsein lernt, sich in ein umfassenderes Sonnen-Bewusstsein zu verwandeln.

Der Weg des Löwe, ist die Transformation des Ichs,
um sich mit dem Leben
auf eine immer neue Art zu verbinden.

Viele Ich-Konflikte begleiten die Wandlung des an sich arbeitenden Löwe-Menschen. Aber dieser Prozess der Entfaltung ermöglicht die Verschmelzung von Seele und Persönlichkeit.

Denn der Weg der Seele,
ist nicht der Weg zu irgendeinem «Himmel»,
sondern der Weg zu dem innersten Ich,
durch all das,
was aus der Vergangenheit
in uns noch liegengeblieben ist.

Der Saatgedanke in den Zeiten des Persönlichkeitsaufbau:

«Andere Formen mögen bestehen.
Ich herrsche, denn Ich bin.»
ICH BIN - das Wort des selbstbewussten,
egoistischen, individuellen Löwen.

Der Saatgedanke in den Zeiten der Seelenentfaltung lautet:

«Ich bin Das, und Das bin Ich.»
ICH BIN DAS - das Wort des Löwe-Menschen,
der sich als ein Teil eines grösseren Ganzen erkennt.

Das Jungfrauzeichen

Die Symbolik der Jungfrau betrifft das Gesamtziel der Evolution, nämlich die verborgene Seele zu behüten, ihr Wachstum zu ermöglichen und schliesslich sie wirken zu lassen. Das Zeichen Jungfrau zeigt die Wichtigkeit der Materie und repräsentiert dadurch nicht nur die Beziehung zwischen der Seele und ihrer äusseren Form, sondern auch die enge Zusammengehörigkeit dieser beiden zueinander.

Denn das Symbol der jungfräulichen Mutter ist seit Urzeiten das Symbol der Erde und damit das Symbol der Fruchtbarkeit, das Zeichen der Ruhe, Stille und Wärme. Sie gibt die Möglichkeiten zur Tiefenerfahrung, und ist damit auch der Ort der langsamen, sanften und doch machtvollen Krisen. Dieses Zeichen vermittelt die Fähigkeit zur Hingabe, wenn ein Mensch einer Sache oder einer Disziplin dient, und eine Bereitschaft sich in ihr zu verlieren oder willentlich dafür auch Opfer zu bringen.

Hingabe, Disziplin und Geduld
sind die markanten Fähigkeiten dieses Zeichens.

Die Zeichen der Zwillinge und der Jungfrau wären ihrem Wesen nach eigentlich eng verbunden, doch das Zeichen der Zwillinge ist das Symbol der Polarität, das dadurch bewirken kann, dass die Seele als ein Gegenpol der Materie erlebt wird. Das Zeichen der Jungfrau ist dagegen das Symbol der Synthese, und die Erfahrungen lassen die Einheit und Zusammengehörigkeit von Seele und Materie erkennen.

Die Mutter behütet das Kind,
die Materie bewacht und nährt die verborgene Seele.

Somit ist die Jungfrau symbolisch auch die «Kosmische Mutter», weil sie, von einem kosmischen Blickwinkel aus, den empfangenden und dadurch negativen Erd-Pol darstellt, der gegenüber dem bewirkenden und dadurch positiven Geist-Pol steht. Eines der ältesten Symbole für dieses Zeichen ist der sechszackige Stern, in welchem sowohl das nach oben, wie auch das nach unten zeigende Dreieck harmonisch verbunden sind.

Das Symbol des Gleichgewichtes
zwischen Involution und Evolution.

Die Jungfrau stellt auch den «Mutterleib der Zeit dar, in dem Gottes Plan langsam zur Reife kommen kann, und durch Schmerz, Kampf und Konflikt offenbar wird». Auch in jeder Religion ist seit Urzeiten das Symbol der Materie die Jungfräuliche Mutter. Das Wort «Virgo» (lat. Jungfrau) ist ein uralter atlantischer Name, der auch mit den Anfängen des Matriarchats verbunden ist. Das Jungfrausymbol beherrschte nicht nur die damalige Zivilisation, sie lebt auch heute noch in vielen Mythen und Legenden. In der atlantischen Epoche war Lilith eine der letzten jungfräulichen Gottheiten.

In unserer Zivilisation gab es drei jungfräuliche Gottheiten: Eva, Isis und Maria.

EVA weist auf die Wichtigkeit für die Entfaltung der Mentalebene, die durch die Verlockung durch Wissen (durch die Schlange der Materie) angezogen, und von Inkarnation zu Inkarnation entfaltet wird.

Sie ist das Symbol des TORes,
das durch den Sog in die Inkarnationen
immer wieder durchschritten wird,
um das Weiterwachsen zu ermöglichen.

ISIS repräsentiert dasselbe auf der Emotional- oder Gefühlsebene, damit das Wünschen und Verlangen für die Fruchtbarkeit, für die Erfahrungen durch «Mutterschaften» wächst und der Wunsch zur schöpferischen Tätigkeit erwacht.

Sie ist das Symbol der Vereinigung und Verankerung
in der Materie
und die Begleiterin des INVOLUTIVen Weges.

MARIA lässt das schöpferische Wirken mit der Materie erfahren, zeigt aber gleichzeitig, dass die Materie nur eine Hülle für die Seele ist, die sie verbirgt. Sie weist den Weg für die Wirkungsmöglichkeit der Seele durch die Materie.

Sie ist das Symbol
für die Umkehr
und damit für die EVOLUTION.

Diese drei jungfräulichen Mütter der Seele zeigen die Geschichte und den Zweck der Formbildung auf, und stellen eine Folge in der evolutionären Entwicklung der Menschheit dar.

Das Zeichen Jungfrau weist damit auch auf die Wichtigkeit der Integration der dreifachen Persönlichkeit hin.

- DAS DENKEN, welches das «Neue» erkennen lässt,
- DIE GEFÜHLE, die es integrieren und mit dem Erkannten eins werden lassen,
- DER KÖRPER, der trotz seiner Gewohnheiten immer wieder bereit ist, in eine neu «erschaute» oder «erfühlte» Erfahrung hineinzugehen.

So wird die Form, der Mensch, die Persönlichkeit immer mehr ein Begleiter, Beschützer und Ernährer jenes «Lichtkindes», das als Seele in der Materie verborgen ist.

Das Zeichen Jungfrau bedeutet die Synthese
zwischen den drei Aspekten der Materie
und der Seele.

In den Zeiten, in welchen das Bewusstsein die Seele noch nicht wahrnimmt, wird die Aufmerksamkeit grösstenteils der «Pflege» und dem «Behüten» der Materie gewidmet und die Beschäftigung mit ihr als das Wichtigste empfunden. Auch noch später kann die Aufmerksamkeit grösstenteils auf die äussere Ordnung und Reinlichkeit gelegt werden, wenn diese Tätigkeit hilft, eine innere «Unordnung» zu vergessen.

Auf der Persönlichkeitsebene begleitet MERKUR, IV. Strahl «Harmonie durch Konflikt» den Jungfrau-betonten Menschen, was ihm praktische und methodische Geschicklichkeit vermittelt. Für ihn sind Verpflichtungen und Ordnung wichtige Themen des Alltags, er kann aber auch die Fähigkeit entfalten, sich auf ganz unterschiedliche Situationen und Anforderungen einzustellen. In ihrem eher verschlossenen Wesen verbergen sich oft grosse analytische Fähigkeiten, ein kritisches Naturell und eine Neigung zur Perfektion.

Durch dieses Zeichen wird die Wichtigkeit
eines gesunden Körpers,
und viele Formen der Reinlichkeit und Pflege manifest.

Wenn die Jungfrau die Schwangerschaft symbolisiert, die ein Kind behütet und wachsen lässt, dann ist der Prozess, der in der Jungfrau möglich wird, meistens auch ein innerer Prozess, der in den eigenen Tiefen stattfindet. Durch dieses Zeichen geprägt können ganz bestimmte Vorstellungen, Ideen oder Glaubensthemen das Leben so stark beeinflussen, dass die eigene Wahrheit keine anderen Gedanken mehr zulässt. So neigen Jungfrau-geprägte Menschen dazu, dass sie die einzig lohnenswerte Aufgabe des Lebens nur in dem, mit ihrer eigenen Wahrheit verbundenen Tätigkeitsbereich sehen.

Wichtige Lebens-Erfahrungen ermöglichen die Verstärkung dessen, was da ist, damit es überwunden werden kann. Denn es ist ein physikalisches Gesetz, dass eine Kugel so weit rollt, bis sie eine Wand berührt, um umkehren zu können.

Auf der Persönlichkeitsebene symbolisiert Merkur der «Götterbote» der Gedanken und Ideen, die das Leben solange stark beherrschen, bis man erkennt, dass Merkur gleichzeitig auch das Prinzip der Illusion ist.

Auf der Seelenebene leuchtet der MOND, als das reflektierende «Licht der Materie». Durch diese beiden Planeten, sowohl durch Merkur wie auch durch den Mond, strömt der IV. Strahl «Harmonie durch Konflikt».

Wachstum ist ein Prozess, der die Möglichkeit zur Auseinandersetzung braucht, damit eine vorhandene Harmonie sich verändern, und auf einer höheren Ebene neu begegnet werden kann.

Die Energien des IV. Strahles sind die
beherrschenden Kräfte,
die das Denkvermögen durch Merkur,
und den physischen Körper durch den Mond berühren,

und den Menschen zu dem machen, was er im Grunde genommen schon ist, damit er lernt, seine beiden «Lichter» auf eine immer neue Art zu vereinen.

Als erstes lernt der Mensch sich mit der Materie zu verbinden, um nachher die daraus entstandene Abhängigkeit, langsam zurückzulassen. Beide Wachstumsphasen verlangen das Äusserste an Wandlungsbereitschaft. Auch jeder Mensch, der in seinem Horoskop eine betonte Polarität zwischen den Zeichen Jungfrau und Fische aufweist, insbesondere wenn seine Mondknotenachse auf diese Symbole fällt,

trägt in seinem Inneren eine unbewusste Opposition
gegenüber den Werten der Materie
oder dem der Seele.

Denn das Zeichen der Fische, das eher die Neigung zu einer passiven Haltung vermittelt, und dessen Ideal das Weggehen, Zurücklassen oder «Emporsteigen» darstellt, ist das Gegenteil von dem, was die Jungfrau als Botschaft vermittelt.

Im ganzen Tierkreis sind die grössten Kontraste, die zwei gegenüberliegende Zeichen aufweisen, die Unterschiede zwischen Jungfrau und Fische, zwischen den Symbolen der Aktivität und Passivität, zwischen der Neigung sich dem Leben zu stellen, oder sich den Sehn-Süchten hinzugeben.

In unserer Zeit,
die das Fischezeitalter langsam ausklingen lässt,
werden diese polar gegenüberstehenden Werte einer Ganzheit
noch einmal sehr deutlich prägend erlebt.

Doch viele haben inzwischen gelernt, Merkur auch als ein Instrument zu benützen, der die Gedanken hinter den alten Glaubensformeln neu verstehen lässt. Denn die Merkurenergie ist ein wichtiger Ansporn zur Kreativität, besonders wenn das Denken auch die «nächste Ebene», die Ebene des Mondes und der Gefühle, und damit die inneren Wahrnehmungen und Empfindungen zulässt.

Die Botschaft durch das Zeichen der Jungfrau war und ist, dass:

Seele und Körper, Himmel und Erde,
Kopf und Bauch zusammengehören.

Es ist Zeit, den Mond, die Materie, das Menschsein neu zu verstehen, und damit eine neue Identität zu erlangen, die mit den beiden «Lichtern» - mit dem Licht der Seele und mit dem Licht der Materie - in Verbindung steht. Dieses Wachstum führt dann zu jenem ausgewogenen Gleichgewicht, das sowohl die Zeiten von Ruhe und Aktivität wie auch den bewussteren Umgang von Geben und Nehmen auf eine neue Art gestalten lässt.

Der Saatgedanke in den Zeiten des Persönlichkeitsaufbaus:

«Die Materie regiere.»

Der Saatgedanke in den Zeiten der Seelenentfaltung lautet:
«Ich bin die Mutter und das Kind, ich bin Geist und Materie.»

Das Waagezeichen

Das Zeichen Waage ist ein Zeichen des Ausgleichens, des sorgfältigen Abwägens, indem das Gleichgewicht zwischen den grossen Gegensatzpaaren gesucht wird. Durch die Prägung dieses Zeichens ist nicht mehr vor allem der Aufbau der Persönlichkeit, sondern ihre Integration in eine Verbindung oder in eine erweiterte soziale Form gefordert.

In den Anfängen trägt man noch eine starke Verbundenheit und Abhängigkeit mit den erhaltenen sozialen Werten in sich, und lieber opfert man sich selbst, als gültige gesellschaftliche oder Gruppenverpflichtungen zu verletzen. Auch die Identifizierung mit einem erhaltenen Beziehungsmuster kann so intensiv sein, dass im Streben nach einem Idealzustand meistens an der Wirklichkeit vorbeigelebt wird.

Die Waage könnte man auch als das Zeichen betrachten, bei dem zum ersten Mal ein höheres Ziel, dem man seine Schritte zuwenden kann, wahrgenommen wird.

Dieses Ziel ist
ein «messerscharfer Pfad»,
der zwischen den Gegensatzpaaren verläuft,
und
eine neue Einstellung zu vorhandenen Werten verlangt.

Durch das Zeichen Waage kann eine Umorientierung stattfinden und die Vorbereitung dazu sind die vielen «Krisenpunkte» in einem von dem Zeichen Waage geprägten Leben, die das Umdenken ermöglichen. In unserer Zeit ist der Wunsch für das Ausgleichen meistens mit den Empfindungen verbunden, weil es die Wünsche sind, die unser Leben am stärksten beherrschen.

Die Veränderung
von den uns so stark prägenden Werten
kann nur auf der Denkebene stattfinden.

Nur die Entfaltung des eigenständigen und kritischen Denkvermögens ermöglicht ein Neuverständnis für das Leben und damit das Gleichgewicht zwischen den männlichen und weiblichen Prinzipien des Seins.

Zwischen negativ und positiv, zwischen hell und dunkel, zwischen den unbedachten, entweder dem Instinkt oder den Gewohnheiten folgenden Reaktionen, und den zielgerichteten bewussten Entscheidungen. Aber auch jene Vorhaben, die scheinbar von allen äusseren Einflüssen frei sind, dienen nur dem eigenen Harmoniebedürfnis, und können dadurch genauso ein egoistisches Verlangen wie das spirituelle Streben befriedigen, solange das kritische Denken und die Bereitschaft für neue Werte, fehlt.

Ein von der Waage geprägter Mensch verbringt sein Leben entweder in ruhigem und beschaulichem Nachdenken, wie ein «Zuschauer», der sich von dem Leben nicht berühren lässt, oder als jemand, der mit Entschlossenheit für die Aufrechterhaltung seiner Werte kämpft. In beiden Fällen sind es die Wünsche, und damit auch die Gewohnheiten, die jene Sicherheit bieten, welche die Menschen vor Veränderungen zurückhalten und schützen.

Selbstbeherrschung und Selbstlosigkeit statt einer
zwanghaften Rechtschaffenheit
wird durch die Waage als Weg aufgezeigt.

Waage-Menschen, die mit ihrer Persönlichkeit sehr stark auf der einen oder anderen Seite der Waagschale stehen, ziehen oft Menschen und Partner an, die mit ihrer Eigenart ganz auf der anderen Waagschale sind. Durch das daraus resultierende Kräftespiel erfolgt unbewusst die Reaktion, dass die Verständigung und der Austausch mit dem DU nur Schwierigkeiten bringt, die auch eine Ich-Erlaubnis entstehen lässt, aus einer Verbindung auszusteigen.

Entwicklung bedeutet nicht: eine Seite in uns zu töten, damit eine andere Seite leben kann. Jene stolzen Einstellungen, welche die Entscheidungen nur in ein Entweder - Oder zulassen, haben die Menschheit lange genug gefesselt.

Das Zeichen Waage wird auch als der Herrscher der «Zwischenperiode», oder als

«der Meister des Niemandslandes»

angesehen. Die Energien der Waage als Gleichgewichtspunkt ermöglichen, dass die «Waagschalen» frei hin und her schwanken. Natürlich wirkt diese Schaukelerfahrung verwirrend, weil sowohl der Ansporn zu etwas Höherem wie auch die Wünsche der alten Gewohnheiten berührt werden. Aber die Erfahrungen durch dieses Zeichen helfen zu verstehen, dass die Gegensätze, die Polarität zum Leben gehören und jegliche Wertung nur mit uns selbst in Bezug steht.

VENUS ist der Planet, der durch die Waage strahlt, und die Energien des V. Strahles «Konkretes Wissen und Wissenschaft» vermitteln uns den Wertmassstab, der unsere Persönlichkeitsentfaltung durch die Waage begleitet. Sie ist dafür zuständig, ob wir etwas als gut oder schlecht betrachten, dass etwas zugelassen oder abgewiesen wird.

Eine durch Waage und damit durch Venus beherrschte Persönlichkeit hat meistens schöne Züge, einen grossen Charme und eine starke physische Anziehungskraft. Alles Ungewohnte und Unübliche kann ihr nervliches Gleichgewicht stören. Venus, die eigentlich die Quelle des Wissens ist, wird lange Zeiten durch eher als Wunsch nach Erfüllung, als ein Werkzeug, welches das innere und äussere Gleichgewicht unterstützen soll, wahrgenommen.

Entscheidungen zu treffen ist in unserer Zeit für uns alle eine tägliche Herausforderung. Was ist wichtig und was weniger? Wofür haben wir Zeit und wofür keine? Aber besonders für alle diejenigen, die durch das Zeichen Waage das «Gleichgewicht» üben, ist es besonders aktuell, sich aus einer polaren Situation immer wieder gedanklich kurz zu distanzieren, um beide Situationen zu beachten und ihre unterschiedlichen Werte nebeneinander und nicht untereinander zu setzen. Denn nur auf diese Weise wird erkannt, dass immer beide Seiten zusammengehören, weil stets die eine die andere hervorruft.

In der Waage geht es um die innere Umwertung,
und die Erfahrungen
lösen die inneren Prozesse aus.

Gefühle und Wünsche können uns mit dem verbinden, was wir möchten, also was uns schon bekannt ist und nur ein auf die «Ganzheit» gerichteter Denkapparat kann erkennen, woher die Gefühle kommen, wohin sie uns ziehen, oder wovon sie uns abhalten möchten. Daraus wird ersichtlich, dass das Denken ein unumgänglicher Entfaltungsbereich für das Wachstum ist.

Auf zwei Arten kann die Waagequalität gelebt werden:

- Aus einer festgeschmiedeten Harmonie, mit den Strukturen einer «äusseren» Ordnung, in der man nicht gestört und aus der man nicht herausgerissen werden möchte.

- Oder durch die Empfänglichkeit für eine höhere Denkebene, um durch die Zusammenschaltung von Denken und Fühlen die intuitive Wahrnehmung zu ermöglichen.

Venus in der Waage
weist auch auf jenes Gleichgewicht,
das zwischen dem Verlangen der Seele
und der Persönlichkeit
gesucht wird.

Auf der Seelenebene herrscht URANUS, der den VII. Strahl «Verbindende Ordnung» repräsentiert, eine sowohl formauflösende, wie auch formgebende Kraft des Geistes.

Uranus ermöglicht
entweder die Auflösung oder die Zusammenführung
zweier Dinge,
um durch die Materie das zu verwirklichen,
was erforderlich ist.

Waagemenschen, die ihre Seelenverbindung schon erbaut haben, erleben ein ständiges Auf und Ab in ihrem Leben, weil sie schon von Zeit zu Zeit mit der Zielrichtung der Seele verbunden, aber genauso oft auch noch in den Wünschen der Persönlichkeit zentriert sind. Die Aufgabe ist die Harmonisierung dieser beiden Strömungen, das Bestreben nach dem grossen Ausgleich, das die Möglichkeiten der Persönlichkeit mit der Wachstumsrichtung der Seele täglich neu auszurichten bereit ist.

Es scheint, dass wir im Leben immer ein wenig
aus dem Gleichgewicht gebracht werden müssen,
um gewisse grundlegende Lektionen lernen zu können.

In unserer Zeit suchen auch schon viele Menschen den «Neuen Weg» und viele möchten durch ihr Tun das «Neue» auch bewirken, jedoch wenn dieses Wirken von einer viel zu hohen Ebene aus erfolgt, wird die Möglichkeit, das Notwendige wirklich zu erkennen, nicht gegeben.

Darum ist der bewusste und richtige Einsatz des Willens ein unerlässliches Instrument, der das Umdenken erlaubt und dazu beiträgt das Leben immer wieder in eine neue Ordnung zu bringen. Uranus ist der Planet, der die Transformation sowohl des persönlichen wie auch des spirituellen Willens unterstützt.

So kann der Mensch zu seinem eigenen Gesetzgeber werden, der sein Verhalten klug beherrscht und seine Impulse verstandesmässig überwacht, denn erst dadurch befähigt ihn die Waage, sowohl das materielle wie auch das geistige Gesetz im Gleichgewicht zu halten.

Der Saatgedanke in den Zeiten des Persönlichkeitsaufbaus:
«Es werde eine Wahl getroffen.»

Der Saatgedanke in den Zeiten der Seelenentfaltung lautet:
«Ich wähle den Weg, der zwischen den
beiden grossen Kraftlinien hindurchführt.»

Das Skorpionzeichen

Das Symbol Skorpion ist auch ein Symbol der Macht, und Macht sucht immer eine höhere Stufe, um auf einer darunter liegenden Ebene sowohl befruchtend wie auch beherrschend wirken zu können.

Wenn der AC, die Sonne oder der aufsteigende Mondknoten sich im Zeichen Skorpion befindet, hat man sich dem Kampf verpflichtet, um die eigene Persönlichkeit zu verändern. Viele Konflikte der Persönlichkeit begleiten dieses Transformationsvorhaben der Seele in einem Leben. Denn das Zeichen Skorpion begleitet und ermöglicht den «Tod» jener Persönlichkeitsanteile, die meistens unbewusst durch Sehnsüchte, Begierden, Ehrgeiz oder Stolz das Leben so stark beeinflussen.

Jedes Leben ist eine Konstellation aus der Verbindung von dem, was unsere Vergangenheit war, und aus dem, was uns dieses Leben lehren und vermitteln möchte.

Durch das Skorpionzeichen,
ob es mit Sonne, Mondknoten oder AC verbunden ist,
erfährt die Persönlichkeit die Möglichkeit
vieles zurückzulassen
und ihr ICH wie ein Instrument,
auf einen neuen Ton einzustimmen.

Eine Eigenart zurückzulassen ist gar nicht so einfach, denn darin hat sich ein wichtiger Wesenszug von uns aufgebaut, so dass unser ganzer Stolz auch eng mit dieser Ich-Art verbunden ist.

Darum erscheinen die Erlebnisse durch den Skorpion wie ein «Sterben», als ob ein wichtiger Teil von uns für die Möglichkeit der Neuorientierung jetzt nicht mehr weiterleben sollte.

Die Persönlichkeit als «Seelenschale»
muss immer wieder bereit sein zu sterben,
um die Geburt
auf einer neuen Ebene zu ermöglichen.

MARS ist mit den Energien des VI. Strahles «Idealismus und Hingabe» verbunden. Er vermittelt die Fähigkeit, für ein erschautes Ziel zu kämpfen. Die Wandlungsthematik betrifft hier den Willen und das Erkennen, für welche Ziele Wille und Kraft eingesetzt werden. Die Mars-Energien können durch das Zeichen Skorpion genauso Leidenschaft und Zorn hervorrufen wie auch jenes Gefühl, das durch das Hin- und Hergezogensein den Willen lähmt.

Die Marsenergie steht in einer engen Verbindung mit Körperkraft und Sexualität und manifestiert ihre Wirksamkeit in allen Bereichen des Lebens. Sie beherrscht und beeinflusst sehr stark den physischen Körper, belebt und stimuliert ihn durch den Blutstrom, und ermöglicht eine kämpferische Verhaltensweise ebenso wie auch den nach innen gerichteten und opferbereiten Weg der Askese.

Der Mars kann beleben, reinigen und stimulieren und die ganze physische Natur genauso in «Erregung» versetzen wie auch einen inneren Widerstand herbeiführen. Diese Auswirkungen beeinflussen dann alle drei Ebenen der Persönlichkeit. Auf diese Weise können die starken Willensenergien von Mars jemanden auch in eine unbewusste Weigerung und einen Widerstand gegen die Wandlungsthemen der Seele führen.

Der Planet Mars ist auch mit dem Geschlecht, als ein Aspekt der Gegensatzpaare, verbunden, und der «Streit der Geschlechter» in all seinen Dualitätsformen erfährt seinen höchsten Aspekt durch den Kampf zwischen der hoch entwickelten Persönlichkeit und der Seele.

Aber schliesslich bewirkt PLUTO mit den Energien des I. Strahles «Wille und Macht» und durch das Schicksal, das er ermöglicht, dass jene Gedankenformen, welche die Persönlichkeit in ihrer Entfaltung noch immer gefangen halten, zurückgelassen werden können.

Der Unterschied
zwischen dem Wunsch der Persönlichkeit
und dem Vorhaben der Seele
ist jene grosse Kluft,
die alle Lernthemen des Lebens beinhaltet.

Skorpion ist das grosse Sternbild, das den Wendepunkt sowohl im Leben der Menschheit verkörpert, wie auch das Leben des Einzelnen beeinflusst, und mit seinen Proben und Prüfungen, mit seiner Funktion als Verursacher von «Krisen» den Prozess der Neu-Orientierung ermöglicht.

Die dreimal drei Prüfungen im Skorpion betreffen alle drei Aspekte des Menschseins:

- Das Verlangen der PHYSISCHEN EBENE besteht aus:
    - Geschlechtstrieb und alle Formen von Beziehungen zwischen den «Gegensatzpaaren»,
    - Bedürfnis nach Bequemlichkeit - durch eine egoistische Lebensweise,
    - Bedürfnis nach Anhäufung von Geld und Besitz.

- Das Wunschleben verbunden mit der ASTRALEBENE, das sehr subtil ist, die physische Ebene stark beeinflusst und durch die Begierdenatur wirkt, wie:
    - Furcht - die dann die Aktivitäten bestimmt,
    - Hass - der die Beziehungen beeinflusst, und
    - Ehrgeiz - der die Ziele bestimmt.

- Die kritische DENKEBENE:
    - Stolz - der den Verstand zu einer Schranke werden lässt,
    - Absonderungsbestreben - das eine isolierende Denkweise hervorruft, und
    - Grausamkeit - die den Verstand zum Instrument der Macht werden lässt.

Die Leitgedanken für dieses Zeichen sind daher:

Prüfung - Erprobung - Triumph

Wenn die Bereitschaft für die Wandlung, für einen nächsten «Schritt» in einem Leben gekommen ist, können durch die Energien des Skorpions uralte Erinnerungen und tiefverwurzelte Erfahrungen auftauchen. Die Gesamtheit aller instinktiven Neigungen, ererbten Trugbilder und alten gedanklichen Einstellungen, die den mitgebrachten Wesenszug eines Menschen bilden, können bewusst gemacht werden. Denn dieses vermischte Ganze bildet das, was der «Hüter der Schwelle» genannt wird.

Der «Hüter der Schwelle» ist nichts anderes,
als die Gesamtheit aller Merkmale der Persönlichkeit,
die immer überwunden werden müssen,
bevor ein nächster Schritt der Entfaltung möglich wird.

In jedem einzelnen Leben kann ein gewisses Mass an Fortschritt erreicht, einige Mängel an der Persönlichkeit behoben werden. Aber der unbewältigte Rest mit all den noch wirksamen Einstellungen und Verpflichtungen, ist meistens noch so ausserordentlich stark, dass eine machtvoll gewordene Persönlichkeit verständlicherweise einmal selbst zum Hüter der Schwelle wird.

Die Energien des Skorpions ermöglichen jene Erfahrungen, die eine neue Einstellung gegenüber dem Sinn des Lebens und seinen «Wachstumsmöglichkeiten» bewirken kann. Ein besseres Verständnis für die «plutonischen» Prüfungen bewirkt, dass auch die eigene Willenskraft für eine neue Richtung eingesetzt wird.

Die Transformation des Willens
ist die grösste Lernthematik des Lebens.

Denn der Planet MARS ist nicht nur der die Persönlichkeit beherrschende Planet im Skorpion, sondern begleitet und stärkt auch die Energie für die Seelenebene.

Nun kann die schon lange erworbene Stärke und Qualität nicht nur das Leben draussen, sondern auch die eigenen Tiefen berühren. Die dadurch hervorgerufene Wandlung bringt eine neue Kraft zum Fliessen. Als erstes durch die veränderten Gedanken und Einstellungen, welche die Gefühlsebene beeinflussen, um schliesslich auch auf der physischen Ebene das Neue bewirken und erleben zu können.

Die Transformation der Persönlichkeit kann nur durch die veränderten Gedanken erfolgen, die dann die Gewohnheiten und Einstellungen sowohl auf der emotionalen wie auf der physischen Ebene berühren.

Sobald die Themen der Wandlung
in das Bewusstsein emporgehoben wurden,
fällt es nicht mehr schwer,
mit den Prüfungen im Skorpion fertig zu werden.

Durch die Schulung und Anwendung des erweiterten Denkens wird erkannt, dass nichts ausserhalb von uns selbst, unserem eigenen Fortschritt im Wege steht und unser evolutionäres Wachstum verhindert.

Denn das Hindernis liegt in jener Art und Weise,
wie und wofür jemand seine Willenskraft einsetzt.

Skorpion als Verursacher von «Krisenpunkten» ermöglicht die «Augenblicke der Neuorientierung».

Der Saatgedanke in den Zeiten des Persönlichkeitsaufbaus:
«Maya gedeihe und Täuschung herrsche.»

Der Saatgedanke in den Zeiten der Seelenentfaltung lautet:
«Krieger bin ich, und aus dem Kampf
gehe ich siegreich hervor.»

Das Schützezeichen

Das Zeichen Schütze wird nach alter Überlieferung als Zentaur, halb Mensch - halb Tier, dargestellt. In der atlantischen Mythenwelt dominierte die Pferdesymbolik genauso wie der Widder und dadurch das «Lamm» in den Darstellungen unserer Epoche zu finden sind.

Das Zeichen des Zentauren
ist das Symbol für die Evolution,
für die Entwicklung der Seele
durch die Erfahrungen des Menschseins.

Die Identifizierung mit der Materie und der Formgestalt, mit all dem dazugehörenden Verlangen, den Bestrebungen und der Selbstsucht. Aus diesem Grunde ist durch lange Zeiten das Ziel des Zentauren mit der Befriedigung des eigenen Verlangens verbunden, und sein Leitmotiv ist der Ehrgeiz. Er sucht das «Neue», das Abenteuer, all das, was seinen Horizont erweitert, damit seine subjektiven Vorstellungen durch immer neue Erfahrungen bewusst gemacht werden können.

Der Bogenschütze auf dem Pferd
kennzeichnet die Fähigkeit der Hinwendung
des Menschen
auf ein bestimmtes Ziel.

Im Zeichen Schütze ist der Tier-Mensch wie in keinem anderen Zeichen klar dargestellt. Darum werden all die Themen der Dualität durch dieses Zeichen besonders stark erlebt.

Das Ziel des Zentauren, des Tier-Menschen, ist ausschliesslich mit der Befriedigung seines Verlangens verbunden. Der Bogenschütze auf dem Pferd (ein späteres Symbol dieses Zeichens) ist nicht mehr länger ein Teil des Pferdes, er hat sich von den tierischen Trieben und dem Verlangen gelöst und kennzeichnet den Menschen und seine Fähigkeit, sich auf ein bestimmtes Ziel auszurichten.

Es ist interessant, dass das heute verwendete astrologische Symbol für dieses Zeichen nur noch den Pfeil mit einem Bruchstück des Bogens beinhaltet. Sowohl der Zentaur wie der Bogenschütze sind verschwunden, weil die Auseinandersetzungen des heute lebenden Menschen vor allem mit den inneren Konflikten, ob deren Ursprung emotional, mental oder geistig ist, eine Verbindung haben.

Denn jedesmal, wenn ein Leben sich unter dem Einfluss des Schützen befindet, möchte sich dieses Leben auf ein «höheres» Ziel ausrichten, aus den Abhängigkeiten der Begierden und aus den egoistisch ausgerichteten Zielen, in Richtung Befreiung und Selbstlosigkeit wachsen.

So kann im Schütze ein bereits entwickelter Intellekt für eine höhere mentale Erfahrung empfänglich sein, die man intuitive Wahrnehmung nennt. Dieses Wachstum wird auf der Persönlichkeitsebene durch JUPITER begleitet, dessen Energien mit dem II. Strahl «Liebe und Weisheit» verbunden sind.

Diese Energien des II. Strahls ermöglichen und begleiten die Auseinandersetzungen, die mit all den Themen der Dualität verbunden sind. So wandelt der Mensch durch viele Konflikte, in denen er nach Erfüllung suchend und sein Verlangen befriedigend lernt, durch das was er liebt, sich zu verändern. Jupiter als Begleiter vermittelt die Fähigkeit der Intuition. Nur die Visionen auf der Ebene der Wünsche können die Neigung zu Übertreibung und zu unkritischen Verhaltensweisen verursachen. So kann ein Schütze betonter Mensch sowohl ein Kämpfer wie ein Abenteurer sein, und sich in den Abstraktionen der Metaphysik, oder auf der Suche nach ewig gültigen Werten, auch verlieren.

In all diesen Erfahrungen
sucht der Mensch eigentlich immer als erstes sich selbst
und seinen eigenen Weg.

Jener Weg, der vom materiellen Verlangen und Disharmonie hin zu einer Bereitschaft führt, das Leben auf eine immer neue Art zu erleben und zu verstehen. Die Prüfungen auf diesem Weg der Transformation lehren die Fähigkeit der Unterscheidung. Denn

der Schütze muss sein Wort und sein Wissen
sorgfältig verwenden
und seinen Eifer und seinen Hang zum Fanatismus
mit Weisheit und Stille mässigen.

Das Zeichen Schütze wird besonders als «das Zeichen des Suchenden» genannt. Hier kann ein Verständnis für das grössere Ganze erwachen, wenn das anfängliche Wunschdenken sich in ein Bemühen um «wissend» zu werden, wandelt. Auf diese Weise kann das «Erkannte» auch zum Wohle der anderen verwendet werden.

Dieses neue Ziel wird von der Seelenebene durch die Energien der ERDE, III. Strahl «Aktive Intelligenz» unterstützt.

Die Kraft der Erde vermittelt zwar Ausdauer, setzt aber auch Grenzen und stellt Forderungen durch das Schicksal. So begleitet der Planet Erde den inspirierten Idealisten und zwingt ihn, die Realität nicht aus den Augen zu verlieren. Ermöglicht dem unsteten, ständig nach neuen Zielen orientierten Suchenden, irgendwann mit der Rastlosigkeit aufzuhören, und das Alltägliche mit seinen Pflichten und Verantwortlichkeiten anzunehmen.

Die Erde hilft dem suchenden Menschen,
eigenbewusst und verantwortlich tätig zu werden.

Die Energien des Zeichens Schütze tragen viel dazu bei, dass zwischen Himmel und Erde die Wahrheit auf eine immer neue Art formuliert werden kann. Denn das Zeichen Schütze begleitet den Weg, durch welchen das Göttliche immer wieder auf eine neue Art interpretiert wird, darum wird es in der traditionellen Astrologie auch als das Zeichen der Religion gesehen. Indem auf der Seelenebene dieses Suchen durch unsere Erde selbst begleitet wird, entsteht jener klare Hinweis, dass

dem Weg zu Gott nur
durch die irdische Realität
mit all ihren alltäglichen kleinen
und grossen Aufgaben
begegnet werden kann.

Denn erst durch die Identifizierung mit der Materie, mit einer Form, kann man diese Form auch verändern oder zurücklassen, gleichgültig ob diese Form ein Ort, eine Gewohnheit oder ein ererbter oder «mitgebrachter» Gedanke war.

Im Schützen
fasst die Seele immer einen Entschluss,
und will seine Schritte als Mensch
in neue Richtungen lenken.

Beim Studium des Schützen wird deutlich, dass diesem Zeichen ein ganz besonderer Leitgedanke zugrunde liegt, und zwar: die Lenkung. Der Bogenschütze leitet sein Pferd zu einem speziellen Ziel hin, er sendet oder lenkt seinen Pfeil auf einen gewünschten Punkt, und er strebt nach einem speziellen Ziel. Dieser Sinn für die Richtung, die Fähigkeit einem Ziel zu folgen, sind aber erst die Merkmale des bereits bewusst lebenden Menschen. Denn

es gibt keine wahre Lenkung,
ausser durch die Gedanken.

Es kann kein Verständnis für die grossen Zusammenhänge des Lebens entstehen, solange das eigene Wunsch-Denken vordergründig herrscht, und nicht schon ein Bemühen um «wissend zu werden», bereits das neue Ziel geworden ist.

Zwischen den polaren Gegensätzen des Lebens, dessen stärkste Manifestation die Polarität von Geist und Materie, Seele und Persönlichkeit ist, wirken die «Kräfte des Konflikts», die im Zeichen des Schützen besonders stark sind. Darum wird für jeden Suchenden

das Gleichgewicht
eine wichtige Lernthematik im Zeichen Schütze sein.

Jede Erkenntnis ermöglicht ein neues «Eindringen» in einen noch weiteren Bereich der Wahrnehmungen, aber jeder neue

Schritt erzeugt als erstes auch ein Ungleichgewicht, das immer wieder neu ausbalanciert werden muss.

Die Entfaltung des Denkens geschieht im Energiefeld der Erde (III. Strahl), und der Weg, der von der Intelligenz zum Wissen führt, ist der Weg der Erfahrungen, der durch Konflikte führt.

So wird die Bereitschaft für die Entfaltung des verstehenden und erweiterten Denkens (Jupiter II. Strahl) durch eine unaufhörlich wachsende Liebe für das Leben begleitet.

Der Saatgedanke in den Zeiten des Persönlichkeitsaufbaus:
«Es werde Nahrung gesucht.»

Der Saatgedanke in den Zeiten der Seelenentfaltung lautet:
«Ich sehe das Ziel, ich erreiche das Ziel
und sehe ein weiteres.»

Das Steinbockzeichen ♑

Der Steinbock ist jenes Erdzeichen, in dem die stärkste materielle Verdichtung zum Ausdruck kommt und ein durch dieses Zeichen geprägter Mensch ist meistens auch ein stark «erdhafter» Typus. Die Möglichkeit für eine Überorganisation und Überbetonung der äusseren Form, die der individuellen Kreativität nicht mehr viel Platz einräumt, ist gegeben.

In der Symbolsprache vermittelt das Zeichen Steinbock das Bild eines Menschen, der zwar mit den Füssen auf der Erde steht, jedoch ständig bestrebt ist, die Höhen weltlichen Ehrgeizes oder die der geistigen Erkenntnisse zu erklimmen, entsprechend dem, was für ihn zu irgendeiner Zeit das Hauptbedürfnis darstellt.

Der Steinbock, der seinen Unterhalt an den steinigsten und ödesten Orten der Welt sucht, verbindet als Zeichen den Menschen mit dem Mineralreich, das ein geeignetes Symbol für Härte und Energie ist.

Es ist interessant, die drei Zeichen zu studieren, in denen die Tiere Hörner haben:

- Widder, mit seinen nach unten gedrehten Hörnern, kennzeichnet immer einen neuen Anfang, einen neuen involutionären Zyklus.
- Stier, mit den nach oben gedrehten Hörnern, ist die antreibende Kraft des Wunschnaturells und der beginnende Kampf der Dualität zwischen Seele und Persönlichkeit.

- Steinbock, die Fähigkeit zur Kristallisation, die wenn aufgebrochen, das «Einhorn» - eine kämpfende und siegreiche Kreatur der alten Sagen - hervorbringen kann, wobei die beiden Hörner und das Einzelauge durch das lange gerade Horn verschmelzen.

Widder, Stier und Steinbock
sind grosse Umformer
und jeder von ihnen ermöglicht einen neuen Abschnitt
auf dem langen Weg der Entwicklung.

Der Widder führt zum schöpferischen Leben auf dieser Erde und damit in das Dunkel und in der Kampf mit der Materie.
Das ist symbolisch das Blau der Mitternacht.

Der Stier ruft Begehren hervor, auf der Suche nach «zorniger Befriedigung».
Das ist das Rot der Gier und des Zornes.

Der Bock führt auf dürren Wegen auf der Suche nach Nahrung, und sein Bedürfnis ist das Hinaufklettern auf die Höhen der Bergspitzen.
Das ist das Bedürfnis nach Grün.

Durch das Zeichen Steinbock wird immer wieder ein gewisses Mass an Verdichtung erlebt, das aber auch immer wieder zerstört wird, um die Möglichkeit für den neuen «Form-Aufbau» zu schaffen. Denn der Steinbock ist auch das Zeichen der Beendigung und dafür ist der Berggipfel ein Symbol, der jenen Punkt kennzeichnet, über den hinaus ein weiterer «Aufstieg» nicht mehr möglich ist.

Steinbock
ist daher das Zeichen,
in dem ein neuer Zyklus eingeleitet wird.

Im Zeichen Steinbock wird sowohl die Persönlichkeits- wie auch die Seelenentfaltung durch SATURN, III. Strahl «Aktive Intelligenz» begleitet. Denn

Saturn schafft die Möglichkeiten,
sich mit der Vergangenheit auseinanderzusetzen,
und sich durch das Erkannte auf die Zukunft vorzubereiten.

Das ist auch der Zweck für jede karmische Gelegenheit. Aber Saturn ist nicht nur der Herr des Karma, er ist auch der «Hüter der Schwelle». Wir stehen Saturn gegenüber, wenn wir einen neuen Seinszyklus auf einer höheren Runde der evolutionären Spirale beginnen möchten. Denn der «Hüter» ist nichts anderes als die Gesamtsumme all jener Gewohnheiten, die nun nicht mehr der richtige Ausdruck für dieses Leben sind.

Der Hüter widerspiegelt unsere Bindung
an all die nutzlos gewordenen Illusionen
unseres Denkens und Fühlens.

Er blockiert den Übergang zum Gipfel des Berges so lange, wie wir an unseren alten Mustern festhalten. Die «Endlichkeit» jedes Weges ist ein wichtiger Gedanke für dieses Zeichen, das den Keim des Neuen wachsen lassen möchte, damit ein neuer Zyklus des «Bemühens» eingeleitet werden kann. Darum schafft Saturn auch jene Möglichkeiten und erlaubt die Verstärkung dessen, was vielleicht schon uralt ist, um durch diese Verdichtung die Veränderung einzuleiten.

Steinbock ist das Zeichen der Extreme. Die Energien dieses Zeichens können sowohl den harten, materialistischen, grausamen, stolzen und mit selbstsüchtigem Ehrgeiz erfüllten Menschen begleiten wie auch jene, die durch ihre «solide Erdnatur» neue geistige Wahrheiten in Erscheinung bringen können.

Steinbock regiert mehr als jedes andere Zeichen das aktive, schöpferische Potential, das erreicht werden kann, wenn die Ressourcen der Erde korrekt genutzt werden. All das verlangt objektive und mentale Energie, die frei von persönlichen Wünschen und Vorstellungen ist. Aus diesem Grunde erteilt Saturn seine Lektionen der Kristallisation und Begrenzung, damit durch die Erneuerung mit einer neuen Sichtweise eine neue Entscheidung getroffen werden kann.

Die transpersonale Ausrichtung der Gedanken
ist die Lektion des dritten Strahles
und die Arbeitsthematik dieses Zeichens.

Das polare Gegenstück zum Steinbock ist der Krebs, und diese beiden Zeichen sind die zwei grossen Tore im Tierkreis. Krebs weist den Weg zur Inkarnation, hinein in die Erfahrungen des Menschseins, und Steinbock ermöglicht den Zugang in das Leben des Geistes.

Die «Wanderung» durch den Tierkreis lässt uns alle Zeichen immer wieder neu erleben, um durch die Identifikation mit dem Einen auch das «Gegenüber» besser zu verstehen. Aber lange Zeiten durch ist es nicht leicht, die Gegensätze in den sich gegenüberliegenden Zeichen als zusammengehörend, als etwas sich gegenseitig Ergänzendes zu erkennen.

Im Körper sind die Energien des Steinbocks mit den Knien verbunden. Diese Verbindung birgt auch jene symbolische Botschaft für den vom Steinbock geprägten Menschen, dass nur wenn er gelernt hat Demut zu üben, und auch sein Herz mit seinen Gedanken zu verbinden, er erst dann die höheren Wahrheiten des Lebens erfahren kann. Solange er nur «anmassend» und «zurechtweisend» ist, kann er keinem neuen Wissen begegnen.

Indien ist ein durch den Steinbock geprägtes Land. Die uralte Sitte der Pilgerfahrt in Indien, bei der sich der Pilger von einem heiligen Ort zum anderen auf seinen Knien weiterbewegt, weist auf die Notwendigkeit der Demut hin. Dieses Land erlebt eine weitverbreitete Armut und Erniedrigung, demonstriert aber gleichzeitig hohe geistige Errungenschaften.

Im Steinbock kann man auch den Triumph der Materie erleben, denn sie erreicht hier ihre dichteste und kompakteste Äusserung. Nur die schöpferische Flexibilität kann sich mit diesen enorm starken saturnischen Bedürfnissen nach Sicherheit, Struktur und Schutz nicht verbinden. Dem Triumph des Geistes kann erst nach dem Zurücklassen der Schutz gebenden «Mauern» begegnet werden.

Der Steinbock strebt immer nach dem Höchsten,
und sein evolutionärer Stand entscheidet,
in welchem Bereich.

Gipfelerfahrungen, auf welcher Höhe auch immer, sind Momente des Anhaltens. Ein Ziel wurde erreicht, man ist angekommen, irgendetwas ist abgeschlossen. Diese kurze Zeit - nachdem etwas zu Ende gegangen ist, und bevor etwas Neues beginnt -, diese Zeit des Innehaltens, das Gipfelerlebnis sind die Erfahrungen im Steinbock.

Saturn mit seiner Zugehörigkeit zum III. Strahl ist auch mit unserem Mutterplanet Erde eng verbunden, da sie beide Träger derselben Energien sind. So lehren Saturn und Steinbock sowohl wie man sich aus der materiellen Abhängigkeit befreien kann wie auch die Fähigkeit, ein Mitgestalter dieser Erde zu werden. Denn

Saturn unterstützt auch von der Seelenebene aus
das Bemühen
einer schöpferischen Tätigkeit.

Das Bild des Einhorns ist das höchste Symbol des Steinbocks und versinnbildlicht den höchsten Gipfel, die Verschmelzung, das Eins-werden von Seele und Persönlichkeit. Die Handlungen des Einhorns sind immer auf ein einziges Ziel konzentriert, weil sein Denken auf die Wege der Menschheit gerichtet ist.

Der Saatgedanke in den Zeiten des Persönlichkeitsaufbaus lautet:

«Ehrgeiz herrsche, und das Tor stehe weit offen.»

Der Saatgedanke in den Zeiten der Seelenentfaltung lautet:

«Versunken bin ich in überirdischem Licht,
und diesem Licht wende ich den Rücken zu.»

Das Wassermannzeichen

Dieses Sternbild ist derzeit für die ganze Menschheit von grosser Bedeutung, denn es ist das Zeichen, in dem sich die Sonne die folgenden zweitausend Jahre aufhält, und sein Einfluss wird mit jedem Jahrzehnt an Bedeutung zunehmen.

Die Energien um die Erde verändern sich immer, wenn die Sonne auf ihrem 25'000-jährigen Zyklus durch den Tierkreis, alle zwei- bis zweieinhalbtausend Jahre von einem Zeichen in das andere wechselt. Diese veränderten Energien vermitteln neue Ziele und neue Möglichkeiten. In unserer Zeit findet der Wechsel von Fische in das Zeichen des Wassermanns statt. Diese Tatsache ist weitgehend für die Veränderungen in unserem Leben und in allen Naturreichen verantwortlich.

Für viele Menschen ist dieser Einfluss ungreifbar. Es ist jedoch eine Realität, dass diese ungreifbaren, aber durchdringenden Energien eine viel grössere Kraft ausstrahlen und eine viel umfassendere Wirkung auslösen, als es den meisten von uns bewusst ist.

Die planetarischen Einflüsse während eines «Weltenzyklus» im Wassermann sind immer ungewöhnlich stark, und die Energien dieses Zeichen ermöglichen - für viele bereits bewusst lebenden Menschen - einen neuen Höhepunkt in ihrer evolutionären Entwicklung zu erfahren. Dieser Tatsache ist es auch zuzuschreiben, dass bereits in unseren Tagen, in den Anfängen dieses neuen Zeitalters, bereits viele hochsensitive Menschen mit einem weiten Denkradius wieder auf dieser Erde wirken, oder sich auf ein kommendes Wirken vorbereiten.

Wassermann ist ein Zeichen,
in dem der Mensch die Bedeutung der Zyklen
erkennen und verstehen lernt.

Wassermann symbolisiert auch den Drang zu ständiger Bewegung und Aktivität. Darum kann ein durch den Wassermann geprägter Mensch in einem ständigen Tätigkeitszustand und durch ständig wiederkehrende Veränderungen leben.

Die «Tal»- und «Berggipfel»-Erfahrungen mit all ihren Visionen und Enttäuschungen, das Wechselwirken der Aktionen und Re-Aktionen, sind wichtige Erfahrungen auf dem Weg des Lernens. Der Wassermann kann die Tiefen der Niedergeschlagenheit und die Geringschätzung seiner eigenen Fähigkeiten genauso erleben wie die Erhebung der Seele und das Gefühl, eine geistige Macht zur Verfügung zu haben.

Ist das Ich-Bewusstsein noch nicht stark entfaltet, wird ein durch das Zeichen Wassermann geprägter Mensch ein gewissenhafter Angestellter, ein anhänglicher Arbeiter seiner Firma sein, und sein Wirkungsbereich wird allein seine Interessen prägen.

Die Themen des Wassermannzeichens sind: Sicherheit, Gerechtigkeit, Zuverlässigkeit und Ordnung. Diese Bedürfnisse der Persönlichkeit, Saturn III. Strahl «Aktive Intelligenz» rufen jene Krisen hervor, durch welche es um den Mut für die freien Entscheidungen, das «Sich-Durchringen» zu Pioniertaten geht.

Durch Krisen bekommt eine «festgefahrene» Situation
die Möglichkeit zur Änderung
und eine «fixe Idee» kann zerstört werden,
um das Weiterwachsen nicht mehr zu behindern.

Der Planet Saturn begleitet auch im Wassermann jene Phasen, in welchen das Ich-Bewusstsein noch äussere Stützen braucht. Es zeigt die Zeiten, in denen sich die Ich-Identifikation noch im gesellschaftlichen oder beruflichen Status, also in jenen Werten, die man aufzeigen kann, was man erreicht hat, verankert ist.

Die Zeit, in der wir Erfolg brauchen,
ist die Zeit
der Ich-Identifikation mit der Persönlichkeit.

Sobald die Werte des Erfolges nicht mehr mit den Zielrichtungen des Lebens verbunden sind, beginnt die Ich-Identifikation sich mit den Zielen der Seele zu verbinden. Es beginnt eine Zeit, in welcher das Individuelle in das Universale hineinwachsen kann.

Das Bedürfnis zu «dienen» und für andere da zu sein, ist eine Eigenart des bewusst lebenden Wassermanns. Doch in den anfänglichen Phasen will man ausschliesslich der eigenen Persönlichkeit, den oberflächlichen, egozentrischen und verschwenderischen Handlungen des kleinen Ichs dienen. Durch die Wassermann-Prägung wird auch die Fähigkeit zum logischen und rationalen Denken vermittelt, das die Wassermann-Geborenen in der Gesellschaft zu Wirkung und Rang führen kann.

Die Krisen der Wandlung werden vom Planet URANUS VII. Strahl «Organisation, oder Gegensätze zu verbinden» vermittelt, der als erstes die Änderung der inneren Werte und Einstellungen hervorruft.

Wenn die «revolutionäre» Art von Uranus
in einem Menschen integriert wird,
erwacht der reformerische und individualistische Geist,
und bewirkt die Fähigkeit
der Spontaneität und Intuition.

Uranus - der die «Bewegung» einleitet - rüttelt in unserer Zeit an grossen bestehenden Konzepten, an fest verankerten Sicherheitsstrukturen. In der Folge löst es bei vielen Menschen Angst und Panik aus, weil für viele die Möglichkeit der Änderung einer bestehenden und etablierten Ordnung unvorstellbar erscheint.

Die grossen Gegensätze von Saturn (festhalten) und Uranus (verändern) begleiten die Persönlichkeitsentfaltung im Wassermann und lassen gleichzeitig sehr unterschiedliche Wassermann-Typen entstehen. Je nachdem, ob das Weiterwachsen mit den Bedürfnissen des Saturns verbunden ist, oder jemand bereits die reformerischen und schöpferischen Kräfte von Uranus in seinem Leben zu integrieren übt, die Lernthemen sind entsprechend unterschiedlich.

Auch die ganze Menschheit erhält durch das Zeichen Wassermann die Möglichkeit, das Leben auf eine ganz neue Art zu erproben, und sowohl das Leben wie auch die «anderen» auf eine neue Art zu verstehen.

Für andere da zu sein bedeutet aber nicht,
sich selbst aufzugeben,
sich selbst «untreu» zu werden,
sondern die Bereitschaft,
mit dem, was man hat, dem anderen zu begegnen,
es mit den anderen zu teilen.

Die Wechselwirkung zwischen Löwe und Wassermann, die Polarität zwischen dem Individuellen und dem Universalen, die Konfrontation zwischen den eigenen Bedürfnissen und der Wunsch, für andere da zu sein, sind ja die grossen Lernthemen im Zeichen und Zeiten des Wassermanns.

Und in dem Masse, wie die Wechselwirkung, das Gleichgewicht zwischen Löwe und Wassermann wächst, verstärken sich alle Qualitäten, und das intensive Eigenbewusstsein des Löwen wird zu einem tragfähigen Gruppenbewusstsein im Wassermann erweitert.

Das Individuelle wird zum Universalen, der abgesonderte Mensch lernt die Menschen zu verstehen und dennoch seine volle Individualität zu bewahren.

Wenn eine persönliche Identität
zugunsten eines grösseren Ganzen
aufgegeben wird,
erfährt die geistige Identität eine Stärkung,
und der Weg wird vom Eigendienst
zum Weltdienst führen.

Diese Transformation wird mit der Unterstützung von Uranus erfahren. Der siebte Strahl ist jene differenzierte Energie des ersten Strahles (Wille und Kraft), welche die Fähigkeit, Verbindungen herzustellen und Gegensätzliches zu verbinden, die schöpferische Tätigkeit des Geistes durch die Materie, unterstützt.

Durch die Verstärkung von Saturn
und die Auflösung durch Uranus,
wird Wachstum und Entwicklung ermöglicht.

Schliesslich verleiht JUPITER II. Strahl «Liebe, Weisheit» durch die Seelenebene die Neigung zur Synthese, die Verschmelzung zwischen Fühlen und Denken, zwischen der Persönlichkeit und der Seele.

Durch den Wassermann vermittelt Jupiter schliesslich ein neues Verständnis für die Liebe, einer verstehenden Liebe für die Menschheit. Diese Liebe, verbunden mit den uranischen Energien, hat die Möglichkeit, durch die vielen Zweige der Wissenschaft, der Technologie oder durch das Erziehungswesen, in allen Bereichen des Lebens hineinzufliessen.

Jupiter als Vermittler des zweiten Strahles
ermöglicht durch die Energien des Wassermanns,
Liebe und Weisheit auf Erden «auszugiessen».

Der Saatgedanke in den Zeiten des Persönlichkeitsaufbaus:
«Begierde sei Herrscher in der Form.»

Der Saatgedanke in den Zeiten der Seelenentfaltung lautet:
«Wasser des Lebens bin ich, ausgegossen
für dürstende Menschen.»

Das Fischezeichen

Das Symbol der Fische, die durch ein Band verknüpft sind, weist auf die Dualität dieses Zeichens. Der eine Fisch steht für die Seele, der andere für die Persönlichkeit oder das physische Leben. Die Verbindung zwischen ihnen zeigt die «Sumatra» oder die «Silberschnur», die Körper und Seele einen Lebenszyklus lang zusammenhält.

Die zwei Fische, die durch ein Band verbunden sind, weisen auf die Doppelnatur dieses Zeichens, und gleichzeitig auf die Zielrichtung jedes Lebens hin, das die Verschmelzung und Vereinigung von all dem, was sich polar gegenübersteht, als Ziel hat.

Der erste Schritt auf diesem Weg ist,
die Dualität zuzulassen.
Zulassen, dass nicht nur eine Seite allein
die einzig richtige und wahre ist.

Wenn das Fischezeichen ein Leben prägt, wird das Ringen um die Verschmelzung besonders in den folgenden Dualitäts-Themen stark erlebt:

- FREIHEIT oder «GEFANGENSCHAFT»

  Entsprechend der evolutionären Entwicklung wird entweder die Seele oder die Persönlichkeit sich durch den Gegenpol in seiner freien Äusserung eingeschränkt fühlen.

Die Freiheit der Persönlichkeit ist für ein von Fische geprägtes Wesen ein primäres Bedürfnis. Auch Menschen, die sich ausschliesslich mit ihren Seelen identifizieren, fühlen sich von der Materie gefesselt und in die Dunkelheit verbannt, und empfinden das Leben als ein Martyrium. Diese Gedanken finden auch durch jene biblische Darstellung eine Verstärkung, in welchem der Austreibung aus dem Paradies - die eigentlich auf die Wichtigkeit des «Hinausgehens und Weitergehens» hinweist -, wörtlich und nicht sinngemäss gedeutet wird.

Anfänglich ist es immer die Seele, die auf ihre «lichtvolle Heimat» verzichtet, indem sie bereit ist, in die «dunkle Gefangenschaft» der Materie hinabzusteigen, um wachsen zu können. Dem folgt dann eine neue Periode, im welcher ausschliesslich die «umhüllende» Materie wahrgenommen wird. Aber nach einer gewissen Wegstrecke beginnt durch die immer bewusstere Verbindung mit der Seele das ausschliessliche Interesse für die Angelegenheiten der Materie nachzulassen. In dieser Zeit lernt die Persönlichkeit immer mehr auf das zu verzichten, was die entstehende Verbindung und das Gleichgewicht zwischen Seele und Persönlichkeit stören könnte.

- SEHNSUCHT oder VERZICHT UND LOSLÖSUNG

Im Fische-Zeitalter war das Klosterleben der Weg des Verzichtes auf all die äusseren Lebensgewohnheiten, mit der Absicht, durch diese Askese sich der Seele zu nähern. Zweifellos hat die dadurch gelernte und geübte Hingabe und Selbstdisziplin der Welt viel Gutes gebracht, wenn sie auch gleichzeitig den extremen Fanatismus nährte.

Die Begriffe wie Sehnsucht und Verzicht neu zu definieren, die damit verbundenen Werte neu zu verstehen, ist für jemanden, der seine Sonne, sein absteigender Mondknoten oder den Aszendenten in Fische hat, nicht einfach. Sich unnötig stark einzuschränken ist oft die Reaktion auf eine nicht erfüllbare Sehnsucht.

Auch die Flucht, der Wunsch weg von der Last des Lebens, wird durch Sehnsüchte ausgelöst. Welches Suchtverhalten dadurch auch erlebt wird, es wird einmal zu einem Tiefpunkt führen, der dann der «Boden» für die Umkehr werden kann. Verzicht und Loslösung werden durch das Zurücklassen der mit der Vergangenheit verbundenen Themen erlebt.

Das menschliche Naturell muss immer seinen tiefsten Punkt erreichen, bevor eine Umkehr, ein Verstehen der Zusammenhänge, stattfinden kann. Darum sind die Zeiten des scheinbaren Verlassenseins wichtige Erfahrungen, die eine Wende einleiten können.

Der grosse Kampf der Fische besteht darin,
dass sie oft
auf halber Strecke stehen bleiben.

- UNENDLICHKEIT oder OPFER UND TOD

Das Fischezeichen lehrt uns, dass es ein vollkommenes Sterben nicht gibt.

Es gibt keine absolute Vernichtung,
nur Veränderung und Transformation.

Der Strom des Lebens, die Energien der Seele, begleiten jede Prüfung und Erprobung, sie sind die Verbindung zwischen Licht und Dunkelheit, und ermöglichen durch die vielen Erfahrungen des Sterbens, neue Ebenen des Bewusstseins zu erlangen. Ob diese Erfahrungen das Sterben der alten Denkformen bedeutet oder das Zurücklassen von starken Gefühlsverbindungen. Die Neuorientierung wird ein erweitertes Verständnis für die grösseren Zusammenhänge ermöglichen.

Durch das Zeichen Fische bewirkt der Planet NEPTUN VI. Strahl «Idealismus und Hingabe» auf der Persönlichkeitsebene eine starke Durchlässigkeit, emotionale Empfindlichkeit wie auch die Fähigkeit der Medialität und der Beeinflussbarkeit, sowie eine Tendenz, vor schwierigen Aufgaben in Illusionen zu flüchten.

Menschen, die all das «empfangen», was von «draussen» auf sie einwirkt, weil sie die Fähigkeit der Unterscheidung noch nicht gelernt haben, erleben nichts anderes als die Spiegelung ihres Selbst. Das ist die klare Definition der «niederen» Medialität. Die «niedere» Medialität verbindet sich mit der Astralebene, mit all den Ängsten, Wünschen und Vorstellungen, mit all dem was im grossen «Astralmeer» erschaffen wurde als Reflektion von Bildern, Ängsten und Wünschen von der in ihren Illusionen lebenden Menschheit.

Denn jeder kann nur das empfangen,
was sein Wesen berühren kann.

JUPITER II. Strahl «Liebe und Weisheit» vermittelt durch die Fische, gemeinsam mit Neptun auf der Persönlichkeitsebene, die Sehnsucht nach der Unendlichkeit. Die innere Unruhe, die der Wunsch nach Grenzenlosigkeit auslöst, wird von manchen durch mystische Sehnsüchte nach Gott erlebt. Andere wiederum begegnen ihr durch Drogen, in den Bildern ihrer Tagträume oder durch die Bedürfnisse vieler Erlebnismöglichkeiten. Menschen, die eher in ihrem Denken zu Hause sind, können in eine weltfremde Abstraktion ihrer Gedanken hineingezogen werden.

Die Einflüsse von Jupiter möchten im wesentlichen zeigen, dass der Weg der Inkarnation eine geeignete Möglichkeit der evolutionären Entfaltung ist. Denn nur durch die wässrigen neptunischen Enttäuschungen kann die Menschheit den Weg der wirklichen Liebe und Weisheit (Jupiter) lernen. Auch Christus vermittelte seine Botschaft der Liebe in dieser Zeichenperiode, dessen wirklicher Inhalt durch die kommende Wassermann-Zeit, in welcher Jupiter auf der Seelenebene wirkt, neu verstanden wird.

Licht und Dunkelheit begleiten jeden Weg, und aus jeder Dunkelheit führen die Erfahrungen auf eine nächste Lichtebene.

Durch Prüfungen und Erprobungen
wird der Mensch
immer auf eine neue Bewusstseinsebene begleitet,
und dadurch sein unbeständiges,
empfindliches Temperament gefestigt.

Auf dem langen suchenden Weg muss das einmal gesteckte Ziel und das einmal gemachte Bild von unseren Idealen immer wieder geändert werden. Die Funktion von PLUTO 1. Strahl «Wille und Kraft» auf der Seelenebene bewirkt, dass die manifestierten Formen der alten Sehnsüchte, die Begrenzungen von den mitgebrachten Gedankenformen, immer zerstört werden müssen, damit die Erneuerung des Lebens stattfinden kann.

Eine Wachstumsstrecke, die durch das Zeichen Fische begleitet wird, ermöglicht die Annäherung der grossen Gegensätze. Der Weg von Neptun zu Pluto führt durch Licht und Dunkelheit, durch die Erfahrungen von Haben und Verlieren, durch die Ängste von Sein oder nicht Sein.

Der Bau einer «Brücke», die entgegengesetzte Qualitäten verbinden möchte, verursacht immer auch eine «Durststrecke», ist verbunden mit einer Zeit, die man durchschreiten muss. Die Brücke oder die Bewusstmachung der «Silberschnur», verlangt Aktivität, und genau das fällt den Fische-betonten Menschen schwer. Der Kampf besteht darin, dass er sich nicht ohne weiteres entschliessen kann, überhaupt etwas zu tun, darum ist der leichteste Weg die Flucht. Auf halber Strekke stehenzubleiben bedeutet hier, auf irgend eine Ersatzmöglichkeit hinzugehen.

Das Ergänzende ist immer das Gegenüberliegende, für den gefühlsbetonten Fische-Menschen die erdige Jungfrau mit ihrem Pflichtbewusstsein für die täglichen Aufgaben. Das unbeständige, empfindliche Temperament in Fische, kann durch die Qualitäten der Jungfrau gefestigt werden, denn dieses Zeichen ermöglicht die gedankliche Innenschau und die kritische Analyse.

Die Brücke von Neptun zu Pluto,
kann nur mit Merkur (Jungfrau) gebaut werden,
durch neue Erkenntnisse,
welche die eigene Wahrheit in Frage stellen.

Im Zeichen Fische ist der Mensch suchend unterwegs, aber das, was er sucht, ist verbunden mit jenen Annahmen und Vorstellungen, die das Ergebnis von Denkprozessen sind, denen wiederum die vorhandenen Ideale als Grundlage dienen.

Der Mensch ist immer bemüht, die Göttliche Unendlichkeit
in seinen endlichen Begriffen auszulegen.

Pluto bewirkt den Tod nur dessen, was sterben sollte, aber weder Pluto noch der Tod zerstört jemals das Bewusstsein. Auch durch ein physisches Sterben verändert sich unser Bewusstsein nicht. Wir behalten die alten Ideale, Werte und Gewohnheiten solange, bis sie in einem Leben durch die neuen Erkenntnisse bewusst zurückgelassen werden.

Ein Teil von Plutos Aufgaben
besteht auch darin,
eine vorhandene Verbindung zu durchtrennen,
um eine neue Art der Verschmelzung zu ermöglichen.

Durch die plutonischen Erfahrungen wird die Führung der Seele immer klarer wahrgenommen. Das Erkennen des «Nicht allein» und «Nicht-ausgestossen-zu-sein». Denn alle «Formen» und alle Wege des Lebens sind in den grossen Gesetzen des Kosmos integriert.

Mit dieser Grundlage und aus diesen Erkenntnissen wächst dann die Fähigkeit, um ein echter Vermittler, ein wirksamer «Bote» zwischen den Welten von Geist und Materie zu werden. Man findet auch oft, dass Menschen, die durch dieses Zeichen geprägt sind, der Menschheit behilflich sind, und auf unterschiedlichen Bewusstseinsebenen für die Bedürfnisse der anderen da sind.

Der Saatgedanke in den Zeiten des Persönlichkeitsaufbaus:
«Geh hinaus in die Materie.»

Der Saatgedanke in den Zeiten der Seelenentfaltung lautet:
«Ich verlasse des Vaters Haus,
und indem ich zurückkehre, erlöse ich.»

DER «HÜTER DER SCHWELLE» IST DIE «WAHRHEIT» EINER ZEIT

Die Bedeutung der zwölf Tierkreiszeichen, ihre gegenseitige Beziehung und ihre vielfachen Energien und Kräfte, wurden vorangehend besprochen. Diese von kosmischen Quellen ausströmenden Kräfte durchfluten nicht nur jeden einzelnen Planeten, sondern durch diese hindurchfliessend beeinflussen sie auch alle Lebensformen.

Denn es gibt nichts als Energie, und diese Energie offenbart sich in vielen verschiedenen, von einander abweichenden Energieformen. Aus diesen Energien besteht das Universum ebenso wie die Körper des Menschen. Diese atomischen Einheiten werden in einer Körperform durch die Bindekraft einer noch mächtigeren Energie zusammengehalten, von der Energie der Seele.

Das Wesen dieser Kräfte ist auf Entfaltung ausgerichtet, und so wird auch der Mensch durch diese Energien zum «Vorwärtsschreiten» angespornt. Aber diese, durch das Schicksal vermittelte Möglichkeiten zur Wachstum nimmt der Mensch anfänglich eher einschränkend, und als etwas, das sein Leben bestimmen will, wahr. Seine Einstellung verändert sich erst, wenn er dessen bewusst wird, dass auch er wie alle anderen Formen im Kosmos nicht nur empfangend, sondern genauso «strahlend» sein Leben und sein Umfeld unbewusst beeinflusst.

Die Entfaltung des Bewusstseins ermöglicht sowohl
einen immer fähigeren Empfangsmechanismus zu erbauen,
wie ein schöpferischer Energiebrennpunkt zu werden.

Denn jedes System, ist dem Wesen nach zweifach und

die grösste Dualität in einer Welt der Polaritäten
bilden die unterschiedlichen Energien
zwischen der Seele und der Persönlichkeit.

Sie stehen lange Zeiten hindurch als widerstrebende und sich gegenüber stehende Kräfte entgegen, bis durch eine lange Zeit der Entwicklung die beiden Energien zu einer Einheit aus schöpferisch wirksamer Potenz verschmelzen.

In jeder Wiederverkörperung bemüht sich ein bereits bewusst lebender Mensch seine Persönlichkeit in jene Richtung zu entfalten, welche das Seelenziel, den von der Seele gesetzten Wachstumsprozess voranbringt. Es sollte nie vergessen werden, dass

jeder Mensch auf einer anderen Entwicklungsstufe steht,
und aus diesem Grunde bedeutet der Fortschritt,
das Weitergehen,
für jeden etwas ganz anderes.

In den vergangenen Zeiten wurde über den Kampf zwischen Seele und Persönlichkeit viel gelehrt, aber die Lehren wurden immer in der Sprache einer geistigen oder religiösen Betrachtungsweise formuliert und dadurch mit Aussagen als «gut» oder «schlecht» gewertet. Die dadurch noch verstärkt hervortretende Polarität führte dann mit der Zeit zu einer immer grösseren Spaltung und zu vielen Krisen.

Die Wahrheit einer Zeit, einer Epoche, einer Gruppe, muss immer wieder durch neue Erkenntnisse revidiert werden. Denn jede «Wahrheit» entpuppt sich irgendwann als eine subjektive Teilwahrheit, deren Illusion auf dem Wege des «Wachstums» einmal zurückgelassen werden muss.

Stufe um Stufe entfaltet sich der Mensch
von einem Illusions- oder Verblendungszustand
zum anderen.

Auch in unserer Zeit, in der die Sonne auf ihrer grossen Umlaufbahn in ein neues Zeichen am Zodiak - vom Zeichen der Fische in das Zeichen des Wassermanns -, hinüberwechselt, wirken neue und mächtige Energien auf die Menschheit ein. Sie rufen Verblendung in der Gefühlsnatur und Illusion in der mentalen Natur wach, und verstärken in allen Formen und Menschen die Themen der Dualität.

Wenn in solchen Zeiten ein Mensch danach strebt, ein Kontaktpunkt zwischen den chaotischen Zuständen und jenen zu werden, die für konstruktive Ziele und Ordnung wirken, sollte er in allem, was er tut, auch den so notwendigen Faktor des «gesunden Menschenverstandes» benutzen. Dadurch bewirkt er ein kluges Kräftehaushalten, spart Zeit und Kraft, die Energien werden weise verteilt, und ein übertriebener Eifer wird vermieden.

Auch wenn der Horizont von Stürmen verdunkelt erscheint,
und ein weltweiter Aufruhr herrscht,
sollte man nicht vergessen,
dass in der Natur «ein elektrischer Sturm»
die Atmosphäre reinigen und eine neue Zeit einleiten kann.

Wolken, grollender Donner, heftige Stürme, Wind und Regen, können die Hoffnung derer, die sich Sonnenschein wünschen, vernichten. Für diejenigen aber, die ihre innere Ruhe und Sicherheit behalten, die nicht ihre Persönlichkeit und deren Erfolge in den Vordergrund stellen, wird wahrnehmbar sein, dass jedes Chaos und Zerstörung, eine Umstellung und einen Neuaufbau ermöglichen.

Die Zeiten der Unordnung und Masslosigkeit,
die auch Zweifel und Empörung hervorrufen,
sind immer Übergangsstadien.

Zu solchen Zeiten gehört auch, dass die religiösen und glaubensbedingten Bereiche des Lebens mit neuen Methoden erforscht und betrachtet, und der Ursprung der Ideen einem neuen Studium unterworfen werden. Dies führt wiederum zu vielen Streitereien, wodurch alte festgefahrene Ideen über Gott, die Seele, den Menschen und sein Schicksal neuen Gedanken Platz machen. So entstehen Ideen, Theorien, Spekulationen, Kulte, Sekten und Organisationen.

Die Zeiten der Wandlung sind die Zeiten des Chaos,
die als erstes das Zerbrechen jener Wahrheiten,
die ihre Gültigkeit verloren haben,
ermöglichen.

Denn das menschliche Denken hat die Lehre «der Liebe» durch die vielen mentalen Auseinandersetzungen immer mehr erweitert und kompliziert, bis jene grossen theologischen Systeme aufgebaut wurden, in welchen es ihren Gründern schwerfallen würde, die grundlegenden göttlichen Wahrheiten wieder zu erkennen.

Die alten Lehren
über den Glauben an Gott werden vergehen,
durch das kommende Wissen um Gott.

Doktrinen und Dogmen werden dann nicht mehr länger notwendig sein, weil der Glaube auf Erfahrung gegründet sein wird. Die Macht der Kirchen wird durch die Macht der in den Menschen erwachten Seele abgelöst, und das Zeitalter der Wunder, mit der daraus folgenden Skepsis oder Ungläubigkeit, wird dem Verständnis für die grossen Gesetze des Lebens weichen.

Der Mensch wird sein göttliches Erbe antreten
und sich selbst als Sohn des Vaters erkennen
mit all den göttlichen Merkmalen, Kräften und Fähigkeiten,
die zu ihm gehören,
weil sie seine göttliche Mitgift sind.

Mit dieser veränderten Sichtweise werden auch die grösseren Zusammenhänge erkannt und zurückschauend die Reihen der einzelnen Inkarnationen als nebeneinander gereihte «Masken» wahrgenommen. Masken als Ausdruck der dargestellten Formen der Persönlichkeit.

Und vielleicht mit einer leichten Verwunderung kann auch wahrgenommen werden, dass die vielen zurückgelassenen Masken in ihren Wesenszügen auch eine Ähnlichkeit in sich tragen. Ein Wesenszug, welcher die Prägung der durchscheinenden, individuell einzigartigen Seele bewirkt. Aber auch ein anderes Merkmal wird in dieser langen Reihe der Masken auffallen, wenn eine erweiterte Fähigkeit die zurückliegenden Inkarnationen anschaut. Diese Wahrnehmung wird nämlich zeigen, dass alle Gesichter nach «oben» schauen. Denn

lange Zeiten durch schaut der Mensch in jeder Inkarnation
unentwegt nach oben,
sichtbar bestrebt, das zu erreichen, zu erlangen,
das zu erbitten, was er braucht.

Unendlich ist die Reihe der Inkarnationen, durch welche die Persönlichkeit wächst und sich entfaltet. Je machtvoller diese Persönlichkeit in all ihren Fähigkeiten dann geworden ist, um so schwieriger wird die Wandlung dieser speziellen Eigenart sein. Doch einmal ist jedes Wesen bereit, vor einer neuen Wahrheit zu stehen, nur dieses «Neue» erscheint als erstes immer verwirrend und «dunkel».

Die Zeiten, die dunkel erscheinen,
weil das eigene Wissen, die eigenen Gedanken
ein verstehendes «Aufhellen» nicht ermöglichen,
sind die Zeiten,
in welchen etwas Neues beginnen kann.

In eine vorübergehende Dunkelheit taucht jeder Mensch ein, der sich dem Kampf um die Vorherrschaft der Seele über die Persönlichkeit stellt. Die grössten Werte und die ältesten Wahrheiten eines Menschen werden in dieser Zeit ins Wanken gebracht durch das, was eine erweiterte Wahrnehmung ermöglicht.

Eine daraus wachsende Bereitschaft - mit «neuen» Augen und nicht nur durch die «Augenschlitze» der Masken zu sehen - ermöglicht, dass die Dunkelheit heller, und das Leben nicht nur von den Wünschen der Persönlichkeit bestimmt wird.

Mit dieser wachsenden «Sichtfähigkeit» auch in eine kommende Zeit hineinschauend, wird jene Möglichkeit sichtbar, durch welche die Reihe der «Gestalten» in den folgenden Inkarnationen auch viel heller und strahlender sein können. Nur die Gesichter dieser von der Seele durchstrahlten Gestalten werden nicht mehr sichtbar sein, weil sie in eine Tätigkeit vertieft, ihre Gesichter nach «unten» wenden.

Ihre Aufmerksamkeit ist nicht mehr mit dem,
was sie brauchen,
sondern mit dem Bemühen,
ein immer bewussterer «Teil» zu werden,
verbunden.

Der fünfzackige Stern ist das Symbol des vollkommenen Menschen,

welcher die Güte als Grundlage seines Lebens einsetzt,
die Gerechtigkeit als Massstab,
die Weisheit als Schranke,
die Liebe als Freude,
die Wahrheit als Leitstern

und erfährt, dass
die Güte mit den Beinen verbunden ist,
die Gerechtigkeit mit den Händen,
die Weisheit mit den Ohren,
die Liebe mit dem Mund und
die Wahrheit mit den Augen.

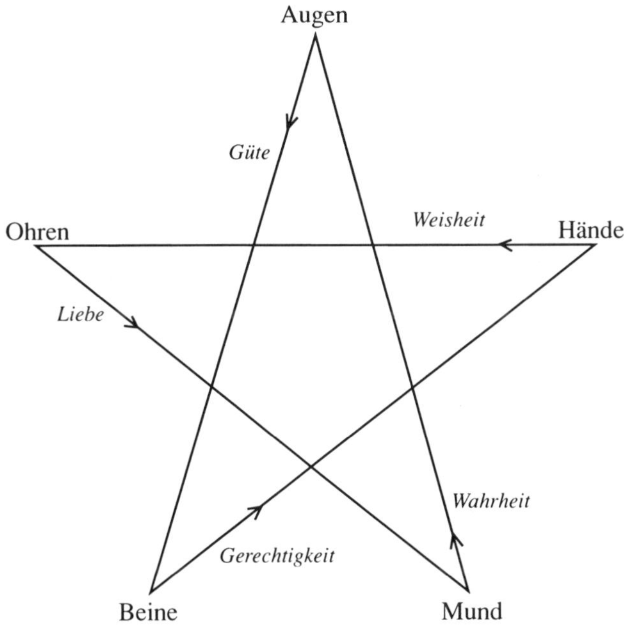

Gelebtes Licht

Eva Gostoni

Die Stationen des suchenden Menschen werden in diesem Buch aufgezeigt, und die damit verbundenen Schwierigkeiten, sich von alten Regeln, Ansichten und Gewohnheiten zu lösen. Es lässt auch unsere Ängste verstehen, wenn alte Wahrheiten von neuen Erkenntnissen berührt werden.

Das Buch kann wie ein tragbarer Wegweiser werden, wenn wir wieder an einer neuen «Schwelle» in unserem Leben stehen, oder tiefe «Wolken» uns die Sicht versperren. Es gibt uns Hinweise, wie wir eine unklare Situation verstehen und handhaben lernen können und es lässt uns erkennen in welcher Richtung unser Ziel liegt.

Es vermittelt uns Mut, dass wir den eigenen Weg, die eigene Wahrheit finden werden, auch wenn wir uns dabei anfänglich noch unsicher fühlen. Es lässt erkennen, dass der Weg der zu uns selbst führt, auch der Weg der Freude ist.

1994 HUM VERLAG
112 Seiten
ISBN 3.9520630-0-2

Die drei Tore zur Seele
auf dem Weg der
SIEBEN STRAHLEN
Eva Gostoni

Die sieben Strahlen des Lichtes sind die sieben Ebenen des Lebens.

Das Wissen über die Strahlen lässt das grössere «Ganze» erkennen, in dem die Entfaltung des Lebens eingebettet ist. Dieses Leben, das von Energien umhüllt wird, und seine Schritte des Werdens, die durch die rhythmischen Zyklen der Wandlung führen. Nichts ist ausserhalb dieses pulsierenden Lebensflusses, kein Geschehen, keine Erfahrung und keine Zeit. Wir sind von den Energien des Lebens getragen, ob wir dies als Freude, oder auch als Leid erfahren.

Alte Wahrheiten werden in diesem Buch neu formuliert und aufgezeigt, wie:

- Die grossen Zusammenhänge allen Lebens.
- Die strömenden Energien durch das Feinstoffliche.
- Die Siebenfachheit des Lichtes und seine Wirkung durch
    - die Entfaltung der Naturreiche,
    - die Evolution des Menschen,
    - die grossen Zyklen der Epochen,
    - das kommende Wassermann-Zeitalter.

Durch die Kenntnisse der
SIEBEN EBENEN DES LEBENS,
erkennen wir die «Schritte» der Evolution, die das Leben
durch
DIE DREI TORE DES WERDENS
führt.

1996 HUM VERLAG
197 Seiten
ISBN 3.9520630-1-0